AF610541

Antología
Poética I iberoamericana.

Título: © Antología Poética I iberoamericana.
Autor: © Autores varios. 2011
Portada: Ivo Basterrechea Sosa
Diseño de portada: Jaime León Cuadras.
Licencia: Estándar 2011-03-14
ISBN: 978-1- 4475 – 9053 -8
Editor: Ivo Basterrechea Sosa.
Compilación: Ernesto R. Del Valle
y Lucio Estévez.
Publicado para
© Editorial Glorieta.
editorialglorieta@gmail.com.
Miami-Florida-USA

Editorial Glorieta

Prólogo.

Unas palabras obligadas ante un hecho voluntario.

Antologías se han editado muchas. En la Historia de la Literatura de todos los países aparecen los autores publicados en ediciones en las que se dan a conocer según escuelas literarias específicas o la poesía generacional que recoge una etapa del hecho literario.

La Antología de la Poesía Iberoamericana que se presenta en esta Edición, como **Poética I** no apunta hacia una escuela específica, ni hacia una generación que en el mejor de los casos aborda sus intereses propios mediante sus atributos. Autores jóvenes y adultos se reúnen aquí por el simple hecho de un fenómeno interesante que está ocurriendo en la Literatura Iberoamericana y pudiéramos decir sin temor a equivocarnos, Universal: ***el desarrollo habido en el campo cibernético en los últimos diez o doce años.***

La literatura mostrada actualmente en los foros, revistas, sitios, etc. de la Internet, es sencillamente descomunal tanto en su cantidad, su calidad artística como en su definición social.

El amor, la Patria, los elementos e inquietudes sicológicos y materiales, las creencias que acucian al ser humano en la vida, la solidaridad, el temor a lo intrínsecamente desconocido, son temas que han afectado a lo largo de milenios a la raza humana y estos temas se encuentran aún en la poesía llamada contemporánea.

No hay definitivamente una escuela que encause el desarrollo habido en la poesía de hoy, porque ha sido vertiginoso, galopante.

El lector sentirá sed de saber, de comprender, de ser parte de estas agonías, fracasos, alegrías y victorias aquí realzadas en las más hermosas muestras de estos cincuenta y ocho autores esparcidos en quince países del planeta.

Los dejo pues, con la plácida anuencia de visitar estas cimas, caer en estas hondonadas, beber el holocausto del verso de hombres y mujeres que entregan su accionar y vivencias, convertido en palabras,

Quede pues a los críticos, la salvaguarda y el estudio serio de un hermoso momento por el que está transitando la Literatura actual, pudiera decirse, la Ciber-Literatura.

Ernesto R. del Valle.

Nota del editor.

Editar una antología parece que resulta fácil y no lo es, lidiar con el gusto de un escritor llámese poeta en nuestro caso, publicarle su obra, cualquier obra, se convierte en algo que a la larga resulta agobiante y hasta desalentador porque él desea y piensa en unas cosas y el editor en otras. En mi caso personal siempre me ha gustado complacer al autor por sus derechos porque me siento más lo primero que lo segundo sin dejar de comprender que en la mayoría de los casos nos excedemos. Nos engañamos al creer que es lo mejor que estamos publicando que nada ni nadie nos supera y menos nos corrige. No lo podemos permitir porque esa es mi obra reservada con todos los derechos del mundo precisamente para eso para no ser tocada. Y no crítico a nadie en particular porque piense de tal manera creo que todos nos lo hemos creído en algún momento de nuestra trayectoria al abrazar este mundo placentero y tan sacrificado a la vez, que es la palabra, amén de aquellos que ya nos sentimos con una trayectoria definida, me atrevería a decir profesional y otros que hemos recibido algún reconocimiento y entonces miramos por encima del hombro y se nos olvida el comienzo. Hablo del inexperto y del experto, del ego y la vanidad. Reunir esas y otras cualidades humanas de poetas de diferentes latitudes, costumbres, idiosincrasias, pensamientos políticos, apolíticos religiosos, ateos, en un volumen no es tarea fácil, hasta se siente como un riesgo el asumirlo y confrontarlo porque en esta compilación hay un poco de todo, inexpertos y expertos, personas que por lo que escriben se ven con un pobre oficio del género y otros que impresionan con sus versos y sin que los acompañe una extensa bibliografía y no me refiero a los datos bibliográficos porque cualquiera puede publicar un libro hoy en día o ser blanco del disparo de un premio porque un premio a veces no es más que el gusto y criterio de dos o tres personas llamadas jurado. No, me refiero a que no se nos puede olvidar en ningún momento que el objetivo era divulgar y promover a los miembros del espacio Poesía y prosa iberoamericana y ese objetivo se ve materializado para honor y orgullo nuestro y para cualquier participante en este proyecto, más cuando contamos con poetas de excelentes trayectorias, merecedores de sus premios y excelsas obras, no son pocos, lo aseguro, pero sobre todo con tremenda sencillez y cualidad humana que los hace más grandes. No me atrevo a mencionar nombres, cosa que no oculto me gustaría hacer y no hay necesidad de hacerlo porque con el simple hecho de leerlos, el lector sabrá identificarlos. En eso radica lo interesante de esta antología en reunirlos a todos pese al riesgo de ser criticado, riesgo que asumo con todo orgullo y responsabilidad porque más me interesa el lector que es el principal jurado de la obra. Aquí, él podrá encontrar una variedad de poesía con diferentes intensiones, temas, estilos, ritmos, todos como un canto a la vida, a la muerte, al ser que amamos, a los sueños, a la nostalgia de muchos, a las reflexiones de otros pero sobre todo al amor porque sólo donde hay amor se pueden reunir casi a sesenta poetas representando a más de una docena de países iberoamericanos porque como dice el apóstol, el amor es paciente, bondadoso no es envidioso ni jactancioso ni orgulloso, todo lo cree, todo lo puede porque el amor engendra la maravilla, según el poeta y de una u otra forma, poetas somos todos.

Índice

Jorge Hudah Camerón. Mendoza. Argentina. Escritor, actor profesional y dramaturgo, profesor de enseñanza primaria, licenciado en psicología, dibujante artístico. Publicación del libro, Cuentos dimensionales. Editorial Dunken. Escritos suyos de poesía y prosa figuran en revistas y antologías nacionales y extranjeras. Pertenece a la Sociedad Argentina de Escritores y a la Sociedad de Escritores de Chile. Miembro de Poetas del mundo y de la red mundial de escritores en español, España. REMES.

El ángel taciturno

Agonizo,
mi ser sombrío, de hielo,
con el alma acongojada,
se ha posado en los maderos
solitario y desdichado.

La nieve,
no ha dejado de caer.
Las humeantes chimeneas
sobre techos y ventanas
han blanqueado mi retorno.

Apoltronado,
en un rincón de nuestra casa,
contemplo tristemente
los leños consumidos
mis ausencias sin olvido.
Espero,
que vuelva a mí el calor,
y el calor traiga los brotes,
y los brotes sean flores,
y las musas de colores.

Les decreto como hombre,
que aunque el cielo se abra en dos
y prometa nueva vida,
les afirmo con el alma,
no es el frío que me mata
ni las flores que no lucen,
ni los versos que no llegan,
ni la nieve que aletarga,
son tus labios que me faltan
y de eso,
sabe Dios les juro
de eso,
sí me muero.

Trece versos con la muerte

La muerte no nos lleva, sólo espera la partida. J. J. Cameron

En la noche brillan ojos que no siempre son de gato,
es la muerte que a su antojo ha venido a rescatarme,
de las manos de una vida que flagela sin clemencia.
Me he parado frente a ella con hombría desbordada,
y con voz inconmovible he hablado con la parca:
Sé por qué has venido mas ahora yo te ordeno,
que regreses a tu templo no deseo tu presencia,
eres ángel y muy bello mas la fuerza no abandona,
al que ama con el alma al que espera en el silencio.
Tengo cantos, nuevas ansias, horizontes luminosos,
que se abrieron de repente en los brazos de mi amada,
ella ahora está conmigo como antes como siempre,
noblemente yo te digo no seré tu pasajero,
ve de ronda que seguro no serás mi carcelero.

Lucía Amanda Coria. (Aurandaluz). San Luis. Argentina. Es Licenciada en la Enseñanza de la Economía y se desempeña como docente del nivel Medio y Superior en establecimientos educativos de su ciudad. Colabora con el sector literario de un importante periódico local. Sus trabajos han sido publicados por selección en concursos y en numerosas Antologías a nivel nacional e internacional.

Luna de azafrán

¿Conoces el aroma de los cedros?
¿Y el de la tarde cuando cae lenta
sobre el fin de la jornada?

Hay una luna de azafrán, luna caliente.
Hay dátiles, arena, misterio, agonía...
Una más entre las Mil y una,
repta la noche, entre alminares y palmeras.

En la sombra,
también reptan en silencio
odios ancestrales.
Y una rabia nueva: la patria usurpada
La feroz batalla, invisible a veces,
de pieles oscuras, y de pieles claras.
Credos diferentes quemando la vida
de la raza humana.
(La misma que tienen
Mahoma y Jesús).
Es una más entre las mil y una...

Pero es Nochebuena. Y un soldado alerta,
un soldado rubio,
se fuga en nostalgias
de ver otra luna
con cara de plata besando la nieve,
un hogar, un fuego, un árbol de estrellas....

Es sólo un instante, silba la metralla
Insectos de acero zumbando en el aire
traspasan el cuerpo, ingrávido, leve...
Y estallan las lunas de azafrán y plata.!

Ocaso de lluvia

Cada partícula del universo se estremece,
y al unísono
se estremece el alma que me habita
La espada de un relámpago
ha rasgado las cortinas del cielo
y se fugan las rosas del poniente.
Viene hacia mí tu recuerdo
cabalgando en el agua.
Navega en el crepúsculo
como un glaciar errante.
Te amo aquí.
En la fría penumbra de mi alcoba
Con el anhelo mío
suspendido en el viento
que arrastra la hojarasca
desviando las flechas vivas de los pájaros
Siento caer en ruinas
las paredes del alma
cuando la nostalgia
trepa por mi dolor como una hiedra.

Llueve sobre el corazón
herido por la ausencia
Y mientras la lluvia
se desnuda en las glicinas
mi amor anda descalzo
por las calles mojadas.

Myriam Jara. Buenos Aires. Argentina. Ha estudiado en la Universidad de Buenos Aires, las carreras de Licenciatura en Letras y Edición (ambas inconclusas). Participó en talleres literarios. Pasó cursos de guionista. Es miembro de la Sociedad Argentina de Escritores.

J...oda a la muerte

¡OH! Sublime, amada,
Indolente y majestuosa muerte
Dama temida, dama odiada
Cubriendo con un lienzo
Tu cara maquillada
Portando en tus huesudas manos
La corroída hoz victimaria
¡Oh! blanca señora
De las penumbras claras
Toma mi acongojada alma
Engánchala con tu guadaña
Escupe tus hálitos en mis labios
Mójame con tu saliva la boca,
Y seré tuya eternamente
¿Acaso no ves mi cuerpo magullado?
Perfidia de mujer vendiendo sexo
Cuerpo deteriorado de tanto zarandeo
Garganta quebrada de fingir orgasmos
Piernas flácidas que ya no encuentran techo
Plegada mi piel, agrietadas mis manos
¿Dónde he de dormir sino en tu lecho?

Arrástrame a las profundidades
Cenagal de pestilentes excrementos
Donde reposan los malditos, los malvados
Quiero ver a Hitler, al Marqués de Sade,
A Nerón, a Franco y los Templarios

Déjame hablar con Maquiavelo
No de los fines, sino de los medios
Más luego que mi mente
De sanguinaria sabiduría se colme
Entrégame al ángel negro
Que me empalague de deseo
Que excite a la hembra muerta
Que sacuda el polvo de mis uñas
Clavándose con saña en sus espaldas
Ya con el apetito atiborrado, saciado
Con el alma de mugres recobrada
Con la codicia inescrupulosa y pujante
Que envileció mi naciente juventud
Devuélveme a la siniestra tierra
Donde habitan ellos, los hombres
Que ansían beber mi plenitud

El mundo necesita de mis perversidades
No me niegues el poder de volver a ser
Aquello que siempre supe y quise ser
Restitúyeme la belleza de mi cuerpo
Hice un pacto con el diablo
Hice mucho más que un pacto
Yo vuelvo a las oscuras calles
A los hombres obscenos y perversos
A la vida ligera, al dinero mal ganado
A la ropa cara, a la limusina
Y él se queda con mi alma
Recuperé mi inconsciencia
¿Para qué quiero un alma?

Me rindo

Basta, no disparen más
¿Acaso no ven mi brazo extendido hacia el cielo?
¿No ven en mi mano la bandera blanca?
Estoy gritando ¡Me rindo!
No sé qué Dios me arrojó a esta arena
A enfrentarme con fieras
A creer en mis ideas y pelear por ellas
Pero ya no puedo ni quiero
Continuar batallando por el sin sentido
Déjenme entregarme, no tengo más fuerzas
No hay en mi alforja más municiones
Me tiemblan las manos, el fusil me pesa
Me ahogo, me hundo
No puedo ni quiero
Seguir en este mundo
No disparen más, estoy suplicando
Me rindo, me entrego
Estoy en sus manos
Hagan lo que quieran...

Ana María Manceda. San Martín de los Andes. Argentina. Coautora del Libro de los cien años. En Octubre 2008 recibe 1º Premio en Certamen Internacional Artes y Letras 2008, en narrativa por su obra Derrumbe. Editorial Novelarte. Córdoba, Argentina. Seleccionada en varias antologías nacionales e internacionales. Participa en diversas revistas literarias por internet.

En la nieve

La noche está allí, detrás de las ventanas. La nieve se refleja posada en las hierbas
y cuelgan las estrellas de las ramas heladas de los árboles.
Con solo estirar mi brazo, aún a través del límite de los vidrios
podría tomarlas para adornar mis ojos.
Si la valentía me sorprendiera abriría la puerta
y recostada en la hierba nevada
tomaría un baño de luz sonriendo a la noche
con mis ojos adornados de estrellas
que cuelgan de las ramas heladas de los árboles.
Pero sigo mirando detrás de las ventanas.
Mi aliento, llanto de recuerdos empaña los vidrios..
Me rebelo.
Rotos los vidrios estallan en la nieve, yo también, rota, estallada,
yo también en la nieve, me rebelo.

Mi juventud, Neruda y la vida…

He sido joven y he vivido Pablo
he cantado al silencio, he amado
lo necesario.
Entre lo amado estaban las lecturas,
tus poemas, y un destino transitado
…y la ternura leve como el agua y la harina.
Y la palabra apenas comenzada en los labios.
ese fue mi destino y en él viajó mi anhelo,
y en el cayó mi anhelo, todo en ti fue naufragio"…

Y la juventud pasó, la vida pasa
y una se aferra a los recuerdos y a esos
amores postergados.
Las pupilas aún brillan pues han vivido tanto
y tus poemas son testigos de algún escondido llanto.
…"Recuerdo el rincón oscuro
en que lloraba en mi infancia
los líquenes en los muros
las risas a la distancia"…

He sido joven y he vivido Pablo
tú me ayudaste a descubrir
olas, crepúsculos, estrellas, brasas,
vientos, palomas, sonidos, amar.
…"Era la sed y el hambre, y tu fuiste la fruta
era el duelo y las ruinas, y tú fuiste el milagro"…

Quedó invisible en el aire

Eran los gorriones, los tilos y los azahares de los naranjos
pisoteados en las veredas. Aljibe de olores.
Y tu juventud, y la mía y la de nosotros.
Era el brillo del crepúsculo de la luna llena, explosiva
instigando a las hormonas, provocando a las arenas de la playa a reflejar su luz ya reflejada,
y se burlaban los cabellos brillando más,
y los dientes nacarados, impúdicos,
se mostraban descarados con las risas,
cuando el agua leona del río era un ancho desierto plateado.
Eran los asados en los elásticos de las camas turcas, los brindis,
y nosotros saltando en el aire con nuestras ilusiones acariciando el cerebro.
Nuestras miradas titilando por un poco de humo en los ojos, un compañero había llegado al principio del camino,
tenía un haz de arco iris en sus manos.
Era tu juventud, y la mía y la de nosotros,
chorros de vientos ocupando cada intersticio de la vida.
de esa ciudad, de esa época, de esa generación.
La sombra del hombre quebró la luz, no pudo quebrar esas hebras de tiempo.
Aún, entre las tinieblas de los años, diviso el pasado.
Es la vida, la vida suspendida en el cosmos,
la piel de mis dedos quieren acariciarla, no puedo
sí mis otros sentidos, que deshilachan, navegan el tiempo.
Así, quedó transparente, invisible en el aire,
tu juventud, la mía y la de nosotros, cuando el agua leona del río era un ancho desierto plateado.

Stella Maris Taboro. Santa Fe. Argentina. Maestra Normal Nacional y Profesora de historia, escritora. Editó un libro de cuentos infantiles. Cuentos para Milagros.
Y cinco libros de poemas. Sonidos de luces y sombras, Rocíos de versos, Burbujas del alma, Pétalos en el viento, Olas del silencio.

¿... Adonde?

¿En qué rincón de este suelo estabas antes,
que no te conocía como te descubro ahora?
¿Debajo de las gotas de rocíos
de mi jardín florido ?
¿Adentro de la tinta de mis versos
sumergido silencioso en las huellas
de mis manos?
¿Eras acaso alas de viento
rosando mis senos y mi vientre?
!A dónde estabas que no te presentía,
ni en la luna que entraba a mis aposentos,
ni en mis temblores de mujer excitada!
Adónde , dime , adonde estabas antes,
para aparecer ahora y exaltarme.

Soy...

Yo soy la morocha,
dejo luces cuando paso
en mi retumbante andar.
Así soy, así Dios me hizo
como un tango que no llora
con alegría sin cambalaches.
Voz nocturna susurrando
ritmo de caderas
contoneando mi cintura.

Así soy ,de ritmos soleados
en un dos por cuatro enamorado,
no me enlaza la tristeza
que al abismo he tirado.
Yo soy la morocha,
espejo de viento libre
y dureza de quebracho.
Mis compases arremeten
apenas el sol calienta
para andar entre amapolas
que emergen en mi camino.
Ando cortejadas por colibríes
en su agitado volar
que son violines en silencio
de un antiguo arrabal.
Yo soy la morocha
que en un constante ritual
encarna la vida latiendo
sin sed de amor,
sólo amor para dar.

Melancolía

Es misteriosa ,
Es alguien que me visita
en momentos de tranquilidad,
espera que le comente ,
mis penas más ocultas,
entonces escucha
y destruye mi dolor.

Como un ángel generoso
desde mi juventud
viene a despertar mi alma adormecida
y evapora las lágrimas más amargas .
Le doy mi himno de pesares
y buscando arrullos de luz sin horizonte,
se aleja en remolinos hasta desaparecer...

Renata Úrsula Otto de Tori. El Dorado. Argentina. Es docente y escritora.

Desmorirme

Son ellas,
las que guardan silenciosas
mis anhelos.
Las que hilan
la trama audaz de cada nueva idea.
Guarda-tesoros
intrépidas, sagaces e inmortales.
Dagas inmateriales
portadoras
de todo sentimiento posible en la Tierra.
Cemento
constructor de imperios atemporales.
Palabras,
quiero hoy
desmorirme, fundiéndome en su voz eterna
Desmorirme,
ser sólo palabra desnuda y etérea.
Eco o trazo
chispa, sólo,
en la mente omnisciente del universo.
Cuando me vaya, voy a desmorirme en palabras
dejando un rastro claro,
para que me encuentres.

Rafaela Pinto. Buenos Aires. Argentina. Abogada de profesión. Ha publicado, Feroz Eucaristía. Ed. Botella al Mar, Buenos Aires, 2008. Poemario que mereciera Faja de Honor 2009 de la SADE Seccional Tafí Viejo. Argentina y Monseñor (novela) Ed. Bubok, Madrid 2010. Silencios, poema que la ha hecho acreedora del Primer Premio en Poesía en el IX Certamen Internacional JunínPaís2010.

No nos digamos nada

Por renombrar las cosas
que viajan por las venas
cuando la noche es otra
prisión de nuestra huella,
tendremos que inventarnos
grafías temerarias,
un nuevo abecedario
con una voz descalza.
Por renombrar el viento
cuando me dices calla
amasaremos cientos
de lunas asustadas,
para decir te quiero
tendremos la sustancia
que al fondo de los sueños
se nos hace palabra.
Para nombrarnos uno
al otro buscaremos
rumores de suburbios,
sonidos del silencio.

Y cuando estemos áridos
-las almas agobiadas-
para decir hastío
no nos digamos nada.

Si

Si dice ven la piel
si dice quiero el alma,
si la convexidad
del vientre busca alada
el cóncavo secreto
del otro, cuando el alba
descubre el continente
de un hueco entre las sábanas.

Si es, pero es de harina
la luz, si los papeles
se pierden en su estática
-reblandecidos seres-
con un blanco de alcoba
anárquica, sin dientes,
si hay quien deshabilita
la voz de los caireles.

Si dos se han amurado
del brazo pero esquivos
con tachas de contienda,
si son, desde otro río
dos mudos horizontes
lejanos y abatidos
hallándose en los soles
perdiéndose en los limbos.

Si el uno se ha llevado
la rosa de los vientos
y el otro en el cuadrante
dibuja sus anhelos,
son dos que van y vienen
sesgados en sus versos,
dos socios imposibles,
dos pájaros hambrientos.

Rubén Vedovaldi. Santa Fe. Argentina. Obra poética, Culturicidio en argentiniebla y Problemas para quedar mal con Dios y con el diablo. Ediciones No muerden. Rosario, 1991; Laurel de fuego & Boca de tormenta, Ediciones. En la claridad de la noche, Bs. As. año 2008. Desde 1977 escritos suyos de poesía y prosa figuran en revistas y antologías nacionales y extranjeras.

Cuando venga el porvenir

recuerda... cuando venga el porvenir
dale muchos recuerdos de mi parte
dile que lo soñé dile que anduve
hablándote de él desde la infancia

dile que fuimos juntos a buscarlo
por tréboles de cuatro y trece hojas
en primaveras verdes de mariposas blancas
por cientos de cometas y aeroplanos

recuerda...cuando venga el porvenir
extiéndele tu mano como a un dios
dile que éramos muchos sin cansancio
recogiendo cerezas en la luna para alimentarlo

dile que éramos muchos y teníamos
los cabellos más sueltos de la historia
las cajitas de música más mágicas
las paredes más locas en los cuartos
los cuartos más abiertos al amigo
el delirio más largo en los caminos
los caminos más hondos en el día
los días más intensos en el alma
y una esperanza enorme de ser puros
completamente puros al tocarlo

recuerda...cuando venga el porvenir
dile que no hemos desaparecido
dile que no hemos sido hallados muertos
con la cabeza rota de artificios
el corazón hinchado de venenos
y la canción ultrajada por otros

dile que sólo estamos demorados
no muy lejos de aquí seguramente
pero que desde siempre donde quiera
hemos salido todos a buscarlo
recuerda...

Patricia Vidour. Rosario. Argentina. Artista Plástica. Poetisa. Licenciada Nacional en Artes Visuales, egresada de la Escuela Superior de Bellas Artes, Facultad de Humanidades y Arte, Universidad Nacional de Rosario.

Chocolate Bombón

Apasionado marrón rojizo
Delicia azucarada mínima
Hechizo pulido y lustroso
Aroma tibio e insolente.
Delirante botón balsámico
Bocanada dócil, inocente y tibia
Mi paladar está seducido
Mi tentación está desenfrenada
Atropello descaradamente tu presencia
Y el paraíso se manifiesta

Transparente Claire

Sabedora del encanto de tus mechas
juegas con las vetas de colores.
La piel cristalina y calada
bosteza membranas inmateriales,
ligeras, intangibles.
Y en tu mirada despreocupada
manifiestas la plácida atención
de tu médula absuelta.
El camino suele ser arduo.

Lobizona

El paso se interrumpe
bruscamente, a destiempo.
La desdicha te atropella,
el segundo rapta tu lozanía.
Mientras tropiezas con el anochecer
y afrontas el nuevo día,
Tu pena te enluta.

Tania Alegría. Porto Alegre. Río Grande do Sul. Brasil y reside en Lisboa. Portugal. Es licenciada en Derecho y en Ciencias Sociales. Obras publicadas: InVerso, poemas en edición bilingüe español-portugués, Redactors i Editors, Valencia, España, 2008; Histórias do mundo virtual, cuentos, en portugués, Ed. Movimento/Crivella/AlegrePoa, Porto Alegre, RS, Brasil, 2009; Memorial de exorcismos, poemas en edición bilingüe español-portugués, sello Colección Biblioteca Digital Siglo XXI, Madrid, España, 2010; En la ebriedad del bosque, poemas en autoría conjunta, Ediciones y Arte, Asunción, Paraguay, 2010. Ha participado en diversas antologías, nacionales y extranjeras.

Evangelio de exorcismos

Vienes con el carisma, el verbo, el signo
y el gesto amable de amputar las sombras.
Impenitente emerges de otro abismo,
desde un lugar sin nombre en mis historias.

Te esperaba en el pórtico de gritos
en donde desordeno las demoras
cifrando un evangelio de exorcismos
en mi ritual secreto de ser sola.

Vienes como quien no, como quien pasa
y al azar se detiene y al acaso
se ve y se reconoce en mis espejos.

Desde hace siglos tramo una enramada
para enredar tus horas en mis manos
y enmarañar tu voz en mis silencios.

Sur

Tengo un arcón lleno de Sur en el desván
y un mensaje cifrado para abrir la tapa.
Se debe decir tajo sin mencionar la anchura de la herida,
se debe decir tren sin referir andenes
y otros vocablos, como pan y madre,
palabras con la fuerza de la proa de un barco
que rompan olas en el mar abierto.

Hay que decir exilio

Tengo restos de Sur, como migajas,
en el plato de peltre de la infancia.
Hay demasiado verde en la memoria,
afectos de rodillas
en las torvas cavernas de los años,
verdades como puños que mutilan
cada proposición del silogismo
en que se ampara mi armazón de carne.

Alboroza un escándalo de trópicos
la sospechosa paz de mis suburbios
y por eso los perros del olvido rastrean las orillas
husmeando en los trillos mar adentro
la sangre en mis pisadas
siempre que parto con mi exilio a cuestas.

Aimée G. Bolaños. Cuba. Reside en Brasil. Profesora universitaria, ensayista y poeta. Posdoctora en literatura comparada. Publicaciones recientes: Ensayos: Pensar la narrativa (Brasil, 2002) y Poesía insular de signo infinito. Una lectura de poetas cubanas de la diáspora (España, 2008). Acaba de escribir sobre el concepto de diáspora para el Dicionário das mobilidades culturais: percursos americanos (Brasil, 2010). Poemarios: El Libro de Maat (Brasil, 2002), Ha participado en varias antologías.

Señora de la sétima morada

Tú sabes que todo es nada.
Conoces los daños de la soledad,
de ese estar con nadie.
Y aunque tu escritura
está hecha de lo indecible,
te deshaces con voz humilde
y no te cansas del coloquio bueno.
Los remedios del sufrir buscas
y extiendes tu obra y esperas.
Del alma dentro de sí
con sus sabrosos dolores,
con su dolor amoroso,
conoces los milagros.
Juntas penas con quietud y tantas
que tuyo es el júbilo divino.
Tu mundo es de éxtasis y de braseros
entre la nada y la centella.

Eres árbol de la vida
que está plantado
en las mismas aguas vivas de la vida.

Yo/lansã

No soy un cuerpo.
Soy la caza fiera
aquella nave
y la memoria partida
del origen más allá
del origen.
Me cortaron la lengua
me desgarraron el sexo
mis pechos de leche
y el placer del placer
me fueron secuestrados.
Cerraron la cueva húmeda
donde hacía mí volvía.
Me dejaron vestida.
Discursante
pero muda vacía.
Ay de mi olor de fiera.
Ay de mi pelo furioso.
Ay de mis labios profundos.
Ay de mi vientre henchido.
Soy un camino dilacerado
sangrante.
Soy las aguas
que corren
la simiente sin nombre
y la libertad de un día.

Soy mi cuerpo veloz.
con todos los colores
engalanado
y la mirada absoluta.
Soy la esposa del trueno
la guerrera y la guerra justa.

Soy el viento fulminante.
Contra mí nada puede:
más allá del miedo es mi casa.
Tendido está mi lecho
de turbulentas aguas.
Y entre mis piernas
el placer es un río.
Nací en una isla
y a ella volví dividida.
Soy dueña de los muertos
aunque mi lugar es la vida.

Arrasante y rasgada
traigo la renovación sin fin.
Soy la tempestad
y la armonía.
Soy el camino inconcluso
la memoria abierta
y la libertad de un día.

Jaime León Cuadras. Quebec. Canadá. Escritor, poeta y editor. Ha participado en varias antologías. Libros publicados, Escupo mis Llantos, Sagitario. Monsieur James. No, no Quería Alejarme y la Novela Cónico del 1950, además edita Antologías como : Escritorio Poético I y II, Piernas Cruzadas I y II, Del Poeta y Artista Virtual. Los libros del autor argentino, José Manuel López, Beatriz Elena Viterbo, Confiesa Sus Amores con José Luis Borges : El Otro Alph y Evita, Madona y las Torres Gemelas, de las autoras chilenas Freya Hödar Nistal y Rafaela Pinto . A Dos Voces y Borrones y Plumazos, de la escritora y poeta chilena Bianca Estella Bj. En la actualidad termina la novela Coinco del 1950.

Me atachas

Tu cuerpo al desnudo reclama mi boca
mi impronta sedienta beber tu orfandad
mis manos furiosas exigen nerviosas
mi niña preciosa, tu piel y humedad.

Tu vientre princesa, tu vientre de rosas
que aquí en mis cosas, es placer ideal
lo beso lo abrazo con dulce delirio
lamiendo del punto vital del amor.

Mis labios sedientos reclaman tus besos
Exigen tus senos en mi redención
Pues quiero ser santo amor de mi vida
El santo más santo de tu perversión.
Yo siento mis manos recorrerte toda
enredado en tus brazos rendido en tu piel
lamiendo y "senando" de pezones erectos
el almíbar perfecto, de la Creación.

Mi niña, mi esposa, tu beso rebelde
tu dulce de leche reanima pasión
y es calcio preciso a estos mis huesos
que buscan descanso en tu corazón.

No existen palabras para lo que siento
tampoco acentos que eleven mi voz
vocablos soeces invierten el canto
y yo con mi llanto fornico un adiós.

Si al menos preñada de mi rebeldía
volvieras un día del brazo de Dios
te juro deleites de besos y orgasmos
prometo espasmos de mi perdición.

Monseñor

Miraba de entre difusas efigies
un recuerdo ya un tanto incierto
y con sus hábitos aún de cura
sabe que el olvido no es del todo santo
el arrepentir apuró su pluma
y sin quererlo brotó del pecho
esa verdad o este cuento...

El era Monseñor en mis sueños
y tú una Novicia de lejos
un día en sagrado Convento
te quedabas sola.

Surgió un miedo a la oscuridad
y en tu soledad de niña
gritaste a mi autoridad
con un desgarro de ninfas.

Sin meditar del peligro
corrí por el pasillo
buscando tu habitación
orientado por tus gritos.

Pálida, asustada en un rincón
retraída y en llantos
palpitaba un corazón
sin apurar el dolor
ni proferir un quejido.

En Santo lugar rondaba
la tentación del Diablo
el escenario, perfecto:
una Doncella y virgen
y un Monseñor anciano.

Podría más la sin razón
que la fe , la austeridad
sería más fuerte
el temor al juicio final
o el pecado de la carne.

Válgase Dios dilema
virginidad y ocaso
en juego todo lo casto
en un rincón del miedo
severo y aprisionado.

Calla poeta la crueldad
de tan bendita aventura
de la noche siguió el Sol
y al final no es que hermosura
la tentación del amor.

Si te asalta alguna duda
pues pregúntale al buen Dios
poeta y Monseñor
antes de callar tu pluma.

Rossana Arellano Guira. Santiago de Chile. Chile. Ha participado en encuentros poéticos internacionales y de literatura infantil en Argentina, Panamá, México, Perú y Chile. Poemas suyos han sido traducidos a varios idiomas.

Vi caer un pájaro

Se ha vuelto de piedra su pecho
Y en vano se escurre el dolor.
El templo interior, resiste.
Átame, que tambalea mi barca.
Desde el filoso borde
no puede pasar el pájaro.

Ruge la sangre, quejándose,
se desliza hacia el cuello,
se pronuncia en bramido.

Una atrevida lágrima, responde.
Canta el ave, sobre mi hombro
y no logro alcanzarla en su fuga.

De locos

De locos que evaden
el puñal certero de la lógica
reclamo por derecho
el tiempo destinado a la belleza.

¿No es acaso tragedia, la inmortalidad?
Una queja de lánguido Romeo
Un suspiro de escuálida Julieta

Quizás, el telón de la vida
es un simple poema
escrito en frío manicomio
por el loco poeta de turno.

Se suicidan las letras en mi vena.

No soy el Hamlet de Shakespeare
pero a diario me desvisto una tragedia.

¿Quién pudiera?

Quién pudiera
a través de los trazos de tus líneas
saltar sobre la ola del destino
y rescatar tu nido, gorrión.

Del sonido valiente
de ese hilo de luz tan luminoso
cantabas tus melódicos trinos
en el patio trasero de toda la memoria.

Y allí estás
sujeta al próximo tren a la cordura
mientras yo
golpeo una tras otra las noches.

No, no se ha muerto tu canto,
dulce bálsamo sobre mi herida.

Jano Antrix. Chile. Director del taller Matucana, de poesía y cuento breve, de la Biblioteca de Santiago DIBAM. Es director de la revista Matucana. Premio en el 2008 en el concurso de poesía Pablo Neruda de la ciudad de San Fernando. Es fundador del colectivo de gestión cultural Cultura-a-la-vena. Ha publicado en cuatro antologías. Ha colaborado en periódicos y revistas virtuales e impresas.

Dolores

1

Dolor de tu sonrisa atardecida,
de horizontes antiguos cautivada,
dolor de tu corola desgastada,
de rosa en la batalla por la vida.

Dolor de la rompiente en la avenida,
que apenas llega y huye en retirada,
dolores de la llaga que la espada,
quiso asestar al alma más querida.

Dolor de navegante en la tormenta,
a merced de los vientos y la espuma,
sobre el eco y el trueno que revienta.

Dolor enmascarado por la bruma,
locura que la mente nos inventa,
jornada sobre el vuelo de una pluma.

2

Dolor por el cantar evaporado,
de los labios que ungieron mis amores,
dolor de recordar esos dolores,
cadenas de presente y de pasado.

Dolor que añora el vuelo no logrado,
de semillas antiguas y de flores,
que perdieron al viento sus colores,
dolor que aún palpita en mi costado.

Dolor de preparar la despedida,
contemplando hacia atrás en la jornada,
los rebrotes del ansia ya fallida.

Dolor crepuscular y de alborada,
con perfumes del paso de la vida,
dolor de ya no ser, dolor de nada

Oceánica

Viejo como el mar,
gruñón y carraspeo;
a mordiscos
por las playas del frío,
buscando tragarse todo
amargo siempre,
voy y vuelvo maquinal
de una punta a otra
por mi corredor de quejas.
Restallando
arrebatando
escupiendo.
Gañán de titubeo y embestida
que carga y se retira
sin objeto
por su berma de distancia
y agresión;
esclavo entre cadenas
de inconstancia,

solo y ajeno,
eternamente solo
como el mar
en la tortura del viento

Eloísa Echeverría. El Carmen. Ñuble. Chile. Ha participado en diversas antologías. Poemas suyos aparecen en diversas antologías y publicaciones impresas y digitales.

Tiempos recorridos de espinoso tragar

Por los hijos no deseados.

Y huelo tierra en mi estómago,
madera,
agua bañando de sustancia lo que toca
soy piel hasta la enjundia de mi ser,
humana de tendones, sangre, huesos, venas,
de carne igual
pero nada es fácil en mi castañear
porque él enarbola triunfos sin una derrota
vino acá elegido para ser servido y triunfar
y no es que me duela que tenga todas sus cosas
sólo quiero el pedazo de sonrisa
que me prometieron,
que tendría al llegar.
Y me acusaron en el instante
en que me parieron
porque mi destino sería con quíntuple de frialdad
porque era un varón el que esperaban
y no una hembra para continuar…
se selló con marca
de los besos que no tuve
porque creyeron que era mi culpa, el arribar.
Necios y sordos y orgullosos,
el que da la vida es Dios
y todo tiene un para qué en este navegar.

Raquel Jodorowsky. Chile. Reside en Lima. Perú. Tiene publicados dieciséis libros de poemas, en Perú, Chile, México, Argentina, Venezuela, Roma e Italia. Han sido traducidos al alemán, italiano, francés, portugués, japonés y hebreo.

1...

Cuando se habla
de concentración
o algo con el fin
de obtener algo
Y uno se une
al universo
le da la mano
le tira los cabellos.
Es una práctica
distante y muy distinta
de lo que todos
creen entender.

2...

En los mundos de arriba
hay el camino de otras gentes
Un poblado de espíritus
de hombres y mujeres
que desaparecen
y vuelven a aparecer.
Salen de la piel
hasta que la aurora
encuentra al buscador.

En los rumbos de lo alto
Se reconocen los poetas
que poseen una señal
en el ala derecha.

Sopla hacia el cielo
tu pensamiento
y lo verás

3...

Con la mente puesta en otras cosas
pasamos en este mundo
tratando a la vez
con otros mundos.

Sacándole alas a la tierra
levantamos la poesía sobrenatural
que protege el canto real para llamar.
Es en el silencio
donde se pierden los nombres del alma.
¡Tantos poetas que murieron
sin conversar!

Por eso gritan sus vidas
bajo la tierra
Es el sonido que escucho
cuando escribo.....

Ingrid Odgers Toloza. Concepción. Chile. Poeta, novelista, gestora cultural, editora, directora de talleres literarios, crítica literaria, realizadora de programas de TV. Tiene dieciochos libros publicados. Su obra figura en la Historia de la Literatura Hispanoamericana de Polonia, 2008. Nominada al Premio Regional de Arte y Cultura, Artes literarias 2008 y 2009 y postulada al Premio Altazor 2011, con su novela, Más silenciosa que mi sombra.

Incertidumbre

Nos cubren pájaros pavesas
En la calzada las ruedas no bostezan
Acecha el paisaje de los niños que lloran
Aguarda la aguada del tiempo.
En los cenicientos pechos de los prados
Neblina obliga neblina.

En ventanas y balcones
Se huelen espinas
En sordina calla (da) mente
Creciendo van en los muros
Muertos en torrente.

Las marionetas han dejado de cantar
La miel no transita
En la gran buhardilla del armario
el cóndor grita
A cazar
A partir
El pan en otros lares
A buscar
El fuego en las vertientes

(Que soplan vida que soplan- dice el rugido-)
Agita esta ola pedregosa que es la ausencia.

Ausencia, sí:
De pies al trote en las veredas
De tacones deambulando en galerías
En victoria adormiladas avenidas y plazas

Han cesado los columpios en el parque
No ríen las canchas en balones
Ni en algodón de rostro embadurnado
Ni monturas embebidas
Los globos engulleron el soplo de los remolinos.
En huellas de sangre
Reposa en Ceres el llanto
(En procesión)

Perpleja condición que entumece
Y nos mece meciendo en salto y ahogo
(Que el rostro retiene en su mudez...)

¡No hay express ni capuchinos!
El plástico boicotea las ventanas
Las calles se engalanan con timbales de alerta
Los gemidos golpean el aire

Y
Aquí vamos los parias
De café desolado
De escotilla vencida

Todos pequeños
De vientre abierto
De vagina herida en contracción

Niños de balbuceo
Ojos de crío...
Granos traqueteando en los andamios
Con un ruego triste triste-mente
Desmayado.

Ángelus

Es una fusta de flores
Tu danza desnuda
Atardecer de río
Tu cadera en sigilo
Ángelus de castaña mirada
Arcano mineral Tú férvida cascada
Va horadando desiertos /abriendo galeras
Tu prisa violenta / Tú / Tu boca Impulsiva / Tú
Ángelus de mirada castaña
De mi boca pan/ Pan de mi boca
Mordedura mía / mía
Las férvidas luces te despojan en danza.

Marianela Puebla. (María Elena Valenzuela Romero). Valparaíso, Chile. Nuestro Secreto, su primera novela dedicada a niños y jóvenes, la cual recibió una Beca de Creación Literaria 2009, otorgada por el Consejo Nacional de la Cultura y las Artes de Chile. Premios Poesía: Primer lugar Comunidad chilena en Canadá 1981.. Primer lugar concurso de poesía a "Luis Donaldo Colosio", Jalisco, México 2004. Primer lugar "Juegos Florales Ciudad Guzmán", Jalisco, México 2004. Primer lugar concurso poesía Calgary, Alberta, Canadá 2009. Primer Lugar Poesía, "Juan Soto Pereira", Alire. Villa Alemana, Chile, 2010. Ha publicado, Siempre en mí, poemas. Editorial del Ateneo de Valparaíso, Chile 1996. Los tres viajeros. Primer lugar concurso Cuento preescolar Editorial Conexión Gráfica, Guadalajara México 2001. El conejo astuto, cuento preescolar. Editorial Conexión Gráfica, Guadalajara, México 2003. Nuestro Secreto Novela para niños y adolescentes. Chile 2010. Es miembro de la Agrupación de Poetas Itinerantes Rubén Darío, Valparaíso, Chile.

El vacío de tu aliento

Vivir en soledad
donde murmullos escapan
por los agujeros del ruido
y los sollozos vuelan
como libélulas desorientadas.

Vivir sin tu presencia
atrapada entre sombras y oscuridad,
ciega de ti,
mientras el silencio invade los rincones
del espíritu.

Vagar con pesadumbre
un camino inexistente, sin esperanzas
de hallar la salida,
rodeada de silentes halos.

¿Dónde estás, ahora?
¿Qué vuelos circunnavegan tus alas de olvido?
¿Con quién se desperdician tus besos?

Tengo tu nombre prendido a los labios
sin saber qué hacer, ¿cómo llamarte
en soledad tan profunda?
¿Cómo malgastar el sonido de tu ausencia?
¿Cómo vivir el vacío de tu aliento?

Agua lluvia

Agua lluvia, tus pies tocan mi rostro
penetran las escalinatas del llanto
y hacen que mi día se vuelva más gris.
Solitarios marchan mis pasos, mis pensamientos,
y vago en las aceras
junto a una sombra melancólica.

Los metales galopan
bajo el atardecer y el frío:
la palidez del invierno envuelve todo
de dolor lacerante
y el viento sopla los intersticios del alma.

Agua lluvia, tocas mi cuerpo
con gélidas manos.
Tengo el corazón ahogado en desventura
sin hallar una puerta abierta
ni una cobija, a mi soledad.

Agua lluvia, tan pálida como mi nombre,
mi desaliento.
Un suspiro escapa, es esperanza
estrellada en indiferencia.
¿A dónde voy con todo este llanto contenido?

Ya no caben en mis ojos más lágrimas.
Pero tú, agua lluvia vienes,
aumentas mi caudal
y llenas mis párpados de pétalos cristalinos.
Cuanto más avanzo, más se nubla mi camino,
la esperanza se ha quedado
en alguna estación desconocida.
Agua... Lluvia...
Me disuelvo en ti.

Alejandra Zarhi García. Chile. Directora de cultura consuarte internacional. Coordinadora latinoamericana de ASOLAPO. IWA de EE.UU. SELAE de Italia. Miembro de Poetas del mundo. ONG reencuentro. Fundación de poetas de mar del plata. El oro de los tigres. Comunicación de autor. Bs. As. Arg. aBrace Letras. Montevideo-Uruguay. Representante en Chile de Palabra en el mundo. Movimiento Surrealista-Arte Williams. Poetas contemporáneos. Es miembro de la Sociedad de Escritores de Chile. Ha publicado treinta y dos libros, entre poemas, cuentos cortos, compilaciones. Ha editado a casi quinientos escritores chilenos y extranjeros. Única escritora en el mundo registrada en los archivos de Guinnes, por un record en poesía. Directora y editora desde hace treinta años, de la revista internacional cultural Imágenes de océanos.

Amor maduro

Dibujo en las sombras,
unos besos calurosos,
llenos de ansiedades,
que estremecen el sonido.

Yo tengo esos besos,
que son tan antiguos,
como cuando era una niña,
y tú me dijiste, que serías mío.

Recuerdo de unos roces,
de un hombre maduro, junto
a mi inocente boca,
que aprendió con tus cariños.

Ausencia del ángel

La ausencia
me mantiene desierta.
Cuándo aparece mi ángel,
vuelvo a la vida.
El corazón, golpeando
ordenando el derrumbe total.

Se inundo de lágrimas
mi valle.

Tantos años, buscando lo ansiado,
cuántas noches mis sueños vagaron
por huellas oscuras.

Se angustiaron los ojos,
el jardín de mi mundo se marchitó.
¡Los ríos, el valle, el mar y mi vida
contigo volvieron a la luz!

Canción para el silencio

Los dedos en su intento
envejecen y nada pueden escribir
de todo lo que siento.
Está obstruida la mente
y no entiende.
Habrá que escribir
una canción para el silencio.

Una antigua forma
que tanto detecto.
El rey más amado
la mejor joya
ha secado las venas desoladas.
Las cuerdas vocales
olvidaron el sonido.
Nada pasa, siempre
es un martirio no saber elegir:
La eterna ausencia
La gloria o morir así.

Jacqueline Roseanne Mora. (Roseanne Blackberry) San José. Costa Rica. Estudia Administración de Empresas. Actualmente labora en el campo turístico. Poemas suyos aparecen en diversas antologías y publicaciones impresas y digitales.

Algo sin razón lo provoca

Una ráfaga de fuego peina los cabellos
y aún en la oscuridad trato de descifrar
aquello que te parte en dos
te atormenta, te ahorca , te aprieta
y no te das ni cuenta.

No hay golpe que resista a sus encantos
Lucifer se ha vestido de blanco
no existe testigo que te levante
sólo lágrimas negras que opacan sin piedad.

El placer duerme en el pecho
el peso en el alma
la traición a tus espaldas
y la muerte en tu cama.

El corazón siente temor
a la espera de un intercambio
de ciertas palabras
dichas sin piedad.

Se siente una herida
clavado con el filo de un cuchillo
no hay fuerza de voluntad
que obligue a destruirlo.

Está en el presente
o en el pasado
en el mundo quizás
sin darse cuenta
el placer seguirá
hasta el final
enfermedad no lo es
adicción tal vez
interminable quizás
y no hay cura para eso jamás.

Caridad Arencibia Oms. Camagüey. Cuba.

Umbral de mis silencios

1

Umbral de mis silencios,
suave es el común tiempo
en los duelos de mi estrella,
los secretos de la sed
y la alegría de mis senos,

2

Quiero despedirme
de los peligros de los advenimientos,
las musas de los soles
y no confesar tu ausencia.
No quiero confesar a las alas
ni a los dioses
los desafíos y quejas
de los últimos placeres en tus manos.

3

Yo sigo siendo un sacrificio de ilusiones,
solitaria entre las hojarascas de los puentes,
bajo un sol impune a la absolución
lleno de angustias en la intoxicación
de mis silencios.

4

Arteria sin miedo, abierta a las memorias,
en medio de las espesuras de la Ciudad,
luego de fornicar con los recuerdos
escapo cada amanecer entre pájaros jíbaros
hacia la ineludible metamorfosis del tiempo

5

Terco delirio,
parábola de sangre,
primogénita seducción,
benditas cicatrices
que dejaron en mi alma
tus poemas.

6

Promesas y silencios,
frígidas interrogantes
en el ojo que mira
la calidez de mi carne
fluyente desde su raíz sin límites
y consumida en tus manos.

7

Sorda a la sed,
armada de un puño nocturno
contra el cataclismo del olvido
espero la hora de tu regreso
y mi resurrección.

8

Dejo la senda de extraños paseos,
repetidos pozos y agonizantes leyendas,
sueños de éter lleno de abrojos,
lúgubre alegoría de viuda de un sueño
disfrazada de virgen
e inútiles pensamientos nocturnos
sin asesorías galantes, espacios, caprichos
que mide en mi mente las longitudes del pasado
y quiere ver terminada tus ansias de viajero
en último viaje de placer sobre mi pecho.

9

La distancia no opaca mi soberbia
ni sacrifica mi amor entre dos cruces,
mi sangre activa sepulta el miedo:
¡El duelo entre tú y yo es con la ausencia!

10

Mírame así....despacio...
como en la despedida eterna,
bésame hondamente,
con un beso tangible
de amor y de ternura
y en cada risa del día
y de la noche
cabalga en mis costados.
Despoja los miedos cotidianos
entiende las profecías
de lo que fui, soy y seré:
la muchacha de la lluvia
y siempre tuya.

Mariana Enriqueta Pérez Pérez. Santa Clara. Villa Clara, Cuba. Poeta, promotora cultural e investigadora. Ha publicado. La Nostalgia Domina los Rincones: poesía (Ediciones Capiro,1992); Cierta Llama: décimas (Editorial Capiro, 2001); La desnudez oculta: poesía (Editorial Capiro, 2005). Este poema fue Premio Poesía de Amor Varadero 2009

Poema para tus manos

Imitando a Gertrudis

Manos.
Tus manos
me santiguan.
Árbol sin freno,
país del aire
que me escancia vino.

Las distancias disuelven
cuando pulsan mis cuerdas.
Parábolas que saltan
hacia un candil sin humo
son tus manos profundas:
profundas por distantes,
distantes por cercanas,
cercanas como un ciclo
de nubes en la noche.
Dedos. Panal y cometa
juguetón, que en lontananza
trenza la audaz esperanza
con las yemas del profeta.

Dedos largos –como asceta
que trueca un salmo en destellos
para salvar los resuellos

del soldado moribundo–,
tus dedos tocan al mundo
y el mundo vive por ellos.

Anillo y anular sostienen
palomas y son desgarraduras
sobre un tiempo que arroja del reloj
los insomnios y avanza en las agujas.

Diez uñas que temen al desequilibrio
van creciendo en las dulcísimas guitarras
por los canales de sus bocas desmedidas,
y se escapan del puente, y someten las pausas.

Con tus manos acercas la plenitud del sexo
cuando perfilan, crédulas, el fiel de mi constancia
para arder como lúbrico destino en mi silencio.

Lentamente en sus dominios oscilan como una rama,
besan y rozan, caminan por campánulas e incienso,
y después que son la luz, tus manos se me refractan.

Visión de Juana de Arco desde un ánfora de Sevres

Palpa de Dios el misterio
que desconcierta la piel;
la visión de San Miguel
transfiere su ministerio.
No buscará el monasterio
(su orden aplasta y encierra).
La voz corona su tierra
subyugada. Sin demora
se guarnece y, vencedora,
Juana domina en la guerra.
La porcelana dibuja
al Delfín, la comitiva
de una mujer obsesiva,
salvadora, mártir, bruja.
Solemne, el cántaro estruja
con azul constelación
los cuerpos, y la pasión
se unge Doncella, decoro
que imprime nervios de oro
en su traje de varón.
Juana de Arco. No es profana
la imagen, ni esa armadura
que glorifica en la pura
fiebre de sentirse humana.
Flor de lis que mece ufana
su intrepidez justiciera.
El hierro sufre y espera
vivo en la coronación
para hallar con la traición
el suplicio de la hoguera.

Legna Rodríguez Iglesias. Camagüey. Cuba. Poetisa, narradora. Especialista en Teatro. Es miembro de la Unión de Escritores y Artista de Cuba [UNEAC] y de la Asociación 'Hnos Saíz' [AHZ]. Resultó finalista en el Concurso Internacional Casa de las Américas (2004) con su novela infantil El mundo de Laura, propuesta para ser publicada en Colombia. El mundo de Laura (Literatura para niños) Editorial Ávila, 2007. Instalando me (Poesía) Editorial Ácana, Camagüey, 2005. Editorial Ácana. Zapatos para no volver (Poesía) Ediciones Ávila, Ciego de Ávila, 2004. Arroz con Mango (Poesía para niños) . Editorial Ácana, Camagüey, 2002. Querida Lluvia (Poesía). Editorial Ácana, Camagüey, 2002.

Pastel y Sangre

El día 22 de abril del año en tránsito
Algunos agapornis vinieron a quitarme las gamarras
Y como mi espíritu estaba moribundo
Todo resultó accesible perfectamente ingenuo
Lo que sí no estaba planeado
Era que los agapornis se enamoraran de mí
El amor no estaba ni por asomo planeado
Y como mi espíritu seguía moribundo
Dejé que los agapornis me hicieran
Un acto que solo ellos pudieron hacerme fácil
Ese día yo nombré a los agapornis
A uno le puse Juan Pablo Sastre
Y otro le puse María Vera
Y al tercero le puse Señorita Constipación
Un cuarto se llamó Julius Cortázar
Con Julius fui al cinema
Aunque jamás entendimos la película
Creo que trataba de dos límites absurdos
Y de unas varillas para inseminar

A los agapornis no puedo mentirles
Somos muchos y estamos enamorados
Cabemos en un albergue de 34 colchones
Pero aún estamos enamorados.

Monólogo de Kaname

Misako tú eres algún sonido sentado sobre mi silla
Estás sentada como Misako en su silla
Y no entiendo porqué tapas con tu cabello el tirante
No entiendo por qué te tapas los senos con el cabello
Deberíamos conversar acerca de la bambula
Tu conjunto es de bambula y yo tengo una tela de bambula
Para hacerme un conjunto como el tuyo
Tu palabra es de bambula
Tu sonido me abarca y si tuviera dos lazos grises
Me los pondría en el óvalo
Para que hicieran juego con tu sonido
Eres algún sonido disfrazado de quetzal
Lo único que deseo es disfrazarme de pájaro
Deberíamos tatuarnos un pájaro en la cadera
Ahora escribes en mi máquina como si fuera tu máquina
Y deberías saber que existo
Porque yo no existo pero sí existe mi tul
Deberías introducirte esa botella de barro
Seamos superficiales Misako
Seamos dos criaturas ovulando junto al ave
Pero no existimos ni la botella ni yo
Ni los objetos acumulados alrededor de la máquina
Únicamente la silla y la máquina y Misako
Y este sonido viejo que rebota en las paredes.

José Valle Valdés. La Habana. Cuba. Graduado de la Facultad de Náutica de la Academia Naval del Mariel. Capitán de la Marina Mercante. Poemas suyos aparecen en varias antologías.

Hoy, la paz es un misterio

Hoy, la paz es un misterio:
una palabra de guerra,
un eufemismo que encierra...
Dicen paz al cautiverio,
de quien vive sin criterio
agachando la cabeza,
ante toda la vileza
que se extiende por el mundo.
Sin amor a lo fecundo;
la paz es una rareza.

Cuando reine la belleza
sobre las actuales penas
y se viva sin cadenas,
sin el dogma que te reza
a quien tener por alteza;
encontraremos la paz.
Hoy le sirve de antifaz
a los que se aspiran reyes,
menospreciando la leyes
en su delirio falaz.

La paz lleva en sí al amor
en limpieza de conciencia,
para vivir en decencia
prevaleciendo el honor.
La actualidad causa horror
y la paz es desconcierto...
Hoy, sólo tengo por cierto
que esta vida es un desastre,
al pobre va todo el lastre
y el futuro es algo incierto.

Acá soy

Acá me basta ver el mar
sentir el ruido atropellante, que no cesa,
vaciar la cabeza en tanta mujer
contra las rompientes olas,
mientras me voy en cada barco
y a mis adentros vivo.

Allá me desconsuelo a los grises
entre el discordante ruido intermitente,
llenándoseme la cabeza de mujeres, tan vestidas ...
de espaldas a las olas que se destrozan,
mientras los barcos no logro
y no vivo a los demás.

María Teresa Bravo Bañón. Alicante. España. Maestra de Enseñanza Primaria. Profesora del Instituto de Ciencias de la Educación de talleres de Creatividad literaria y divulgación de la poesía. Obras publicadas Sombras de la Razón, Colección Ibn Gabirol, Málaga 1981. Entre las Crines del Viento, Editorial Salobe, Málaga 1984. Liturgias del Crepúsculo, Pliegos del Crotalón, Colección de Víctor Infantes, 1985. Invitación a la metáfora, Editorial Málaga-Marruecos. Medievalista en Bloomington, Indiana, Estados Unidos. Es un crimen talar el almendro florecido, Editorial Silva, Tarragona.

Pata de gallo en seda natural

Ya sé que esto no cuadra.
Que soy una cana teñida,
una pata de gallo con juanetes.
Me mato a matahambres
para suicidarme en la báscula cada semana.
A veces me miro en el espejo y no me reconozco.
Por eso es normal que vaya por ahí
con reivindicaciones y pancartas .
Me gustan las montañas rusas
y los autos de choque
y hasta de buena gana me tatuaría
una mariposa en el ombligo.
Todavía me escribo cartas
desde lugares lejanos
para darme sorpresas al regreso.
Y si un poeta me deja escrito en un e-mail
su rastro de versos o el icono de una rosa;
me descorcho botellas de champán y me convido.
Hablo con los gatos,
beso a los conejos de indias
y echo migas de pan a las hormigas del bosque.

Eso no es serio, ya lo sé.
Debería ser más formal
y haber escarmentado con los años.
¡Pero qué le vamos a hacer!
¡Si tengo este corazón bohemio
y voy escarmentada de amarguras !

Pata de gallo en seda salvaje

¿Qué me sobra amor?
¿Y dónde están las medidas estándar?
Estoy segura que me sobran cm por todas partes.
Demasiado corazón a la intemperie y el poco ejercicio
de desprenderme de tanto brote como me iba naciendo.
¿Pero con qué tijeras te cortas tú misma las yemas
más lustrosas o las sonrosadas flores de la ternura?
¿Qué me sobra amor?
¿Y quién tiene el troquel de la agrimensura?
¿La superficie exacta de lo políticamente correcto?
¿Qué tenga prudencia?
¿Por qué voy por ahí con sandalias por la nieve?
¿Porque me abrocho el abrigo con cerezas
y llevo lagartijas por pendientes?
Es posible que algo se me note.
Cuando cocino lo adorno todo con corazones,
y hasta un día escribí tu nombre
con pimientos morrones en una paella.
Intento esconderlos,
pero al abrir los armarios se me escapan:
papagayos, tucanes, colibríes
y un ejército de mariposas monarca
vuela del cajón de los cubiertos...
¿Qué tenga templanza y paciencia?

Eso ya lo tuve de joven .
¡Tanto dique de contención,
tanto fuego domado con látigo de hielo !
Ahora me pongo el gorro de cascabeles
del loco bufón y las ligas de la bailarina de Can-Can,
pues mi templanza era verde y hace tiempo
se la comieron los saltamontes.
No me sobra amor
-que ya estoy muy mayor para andarme con disimulos-.
¡Me faltan años para escribirte
todas las cartas de amor que no te he escrito!
Para asediarte, lindamente, con poemas a granel
o con exagerados ramos de girasoles
-no de finos bouquet de rosas de pitiminí-
Déjame que juegue a encandilarte,
como una niña que jugase con la luz y un espejuelo..
-Ya sé que tienes unos ojos demasiado fotosensibles-
Entonces ponte gafas de sol, o baja un poquito la
persiana...
Y del amor... mejor que nos sobre a que nos falte.

Ivette Durán Calderón. España. Abogada, escritora e investigadora histórico-social. Especialista Jurídica Internacional en Inmigración y Extranjería.

Del amor mundano a Orfeo

Todo se ha dicho y escrito sobre el amor.
Mundano, quimérico o sublime,
encierran sus versos igual desenfreno.
Porque amor mundano,
es fuego escondido
y agradable llama,
sabroso veneno
y dulce retama,
alegre tormento
y gustosa infamia,
penetrante herida
y muerte esperada.
Amor mundano de mentes terrenas
glorioso, tierno o airado,
temeroso, fértil, también desquiciado.
Amor mundano sin orden,
razón ni firmeza,
nadie te ha invocado
pero estás aquí.
Ya lo dijo Orfeo con sabia palabra:
“amor, es dulce amargura
o … dulzura amarga,
porque el amor es dulce,
y aunque el morir es cosa amarga,
el que de veras ama,
morirá dulcemente,
por la cosa amada”.

Amor no correspondido

Te devuelvo el beso que jamás me diste.
Hoy leeré el poema que nunca escribiste.
Disfrutaré la caricia que no prodigaste,
mientras escucho la canción que mudo cantaste.
Te reenvío el beso, aquél que rechazaste.
Y escribo el poema que nunca leerás,
mientras acaricio tu sombra distante
cantando en silencio, aquella canción.

Teresa González Blanco. Galicia. España. Aldea en la emigración. Maestra de Primaria en La Coruña, Galicia.

Tren do alento

Tren do alento,
do delirio,
espellismo
do ansiado amor.
En qué estación
abrirás as túas portas,
resplandecentes raios,
raios prateados.
Meses,
anos anhelándote.
Doces sonos
nos lúgubres apeadoiros,
nas paisaxes escuras
de pobos
famentos de imaxinación.
Alma deambulante
nas desertas estacións.

Amor

Amor,
nos meus ollos luminosos,
na miña mirada.
Amor puro.
Amor,
nos meus beizos carnosos,
nas miñas verbas.
Amor puro.
Amor,

no meu pensamento harmonioso,
na miña mente venturosa.
Amor verdadeiro.
Amor no meu entendemento.
Amor puro e verdadeiro..

A lagoa

Nas augas da lagoa,
o reflexo da miña cara.
Vin
o belido sorriso.
Vin
o brillo nos ollos.
Vin
ledicia no rostro.
Mirei e sentín.
Reflectíase o meu corazón
nas calmas augas,
os encubertos pensamentos,
os gratos sentimentos,
sentimentos de amor.
Nas claras augas,
augas da lagoa.
Vin
o meu reflexo,
a ausencia das bágoas,
o meu sosego,
a felicidade.

Ana Margarita Mireles. España. Poetisa.

Siesta

Paz que no ha sido alterada,
vivos colores, reflejos
de un sueño en la fuente
Música sobre piedra
Hace estatuas
con destino
Y sueños de papel
Puede que sea aquello extraviado
Esa primera
mirada que dice
Todos somos niños y magos
Y polvo de estrellas
habitando en el jardín

Épica metáfora

Imagina la testa, una cebolla. Capa es lo que crees. Capa es lo que quieres. Capa es el extranjero, copia de identidad. Capa, lo que no es naturaleza. Y la capa más ancha es Juicio, lo que paga y lo que debe. Cada capa en silencio muere. Caen a granel, torpe miseria. Una vez desecha la cebolla, he ahí el centro. Antes que nada, piensa: ¿este centro de quién es? Abre su ojo. ¿Me ves?

Propioecepción

Bajo la cebolla, trillones de ínfimas raíces preparan un concierto. Maestros de armonía, ocultos en palacio, son el soplo feliz, el alma de la fiesta. Carnes, tuercas, ligamentos, expanden su tensión, máximo estiramiento de blanca espina y caja negra. Así van donde creen que deben, veloces, subconscientes. Música de raíz crea buen allegro, ciertas celadas, compensa pérdidas. Pueden bailarse fuerza y equilibrio, igual el salto a tiempo, la sutil coordinación. Cualquiera sabe lo que es pensar la síncopa y actuar el contratiempo.

Juan Antonio Pellicer Nicolás. (JPellicer). Cartagena. España. Fotógrafo y Poeta de formación autodidacta. Miembro de la Asociación de Escritores de Murcia. Miembro de la Asociación Colegial de Escritores de España. Recientemente ha publicado su primer libro de Poesía y Fotografía titulado Versos de Azul. Poemas junto al mar y un Soneto de emoción.

De nuevo despertar

Otros mundos que me llaman, que me buscan... que me esperan;
campos cubiertos de vida que se pierden en horizontes de sueños,
que se abren enteros, que están como inventados para mi,
que lloran la pobreza, que cantan la esperanza,
que entregan la verdad envuelta en aromas de albahaca.
Campos de vida dibujados de mágicos paisajes,
como lienzos pintados por amor,
y por amor luchados y quizá por amor ganados;
campos donde busco y encuentro la paz,
donde el silencio, vestido de luz, guarda las respuestas.
En mis noches veladas por millones de estrellas,
la luz que espera paciente al nuevo día,
en mi alma, hoy serena, comienza a despertar;
trinos de paz que me llegan y acarician,
susurros de aguas cristalinas distintas, juguetonas,
anegan mi existencia de vida, y mi vida, dichosa,
de nuevo se funde y confunde en tan inmenso vergel,
donde llegar es vivir y donde vivir es soñar,
donde soñar es llorar y donde llorar... de nuevo despertar.

Los sonidos de la tristeza

Son los sonidos que dibuja la tristeza,
los que se escuchan y se sienten,
los que suenan a aire frío en noche descubierta;
aquellos que silban entre los árboles agitándolos,
y los que queman los alientos dibujando las palabras.
Sonidos faltos de calor construidos de recuerdos,
que se quedan para siempre instalados en la retina del alma,
que visten las montañas de blanco y el mar de intenso azul,
y que traen auroras abrazadas a fuegos calcinadas por los sueños;
sonidos que escriben como nadie la palabra soledad,
versos tristes del más triste de los poetas;
sonidos que llaman hoy como ayer, a todas las puertas.
Instantes cubiertos de pasados y futuros,
de miradas que no se entendieron
en cuerpos que sin apenas conocerse se despidieron;
sonidos de tristeza que vais inventando partituras
conformando la sinfonía del adiós.
Sonidos y tristezas,
de los unos los quejidos, los lamentos, la callada pena;
de las otras, los pasados tan presentes,
pero también las esperanzas en el mañana puestas.

Más allá de las estrellas

Llega el nuevo día,
atrás queda la noche donde la pena descansa;
donde la batalla contra el silencio se acaba,
y donde el cuerpo, derrotado en cruel y sutil lance,
se viste con su mejor sonrisa para volver a perder.
Llega el nuevo día entre augurios de alegrías,

que de nuevo empujan a la esperanza,
que dibujan horizontes donde llegar
inventando caminos donde la vida es tu canto
y la paz, esa huella que a tu paso vas dejando.
Huellas del nuevo día que en tu senda
sin saberlo van quedando;
que hablan de ti y de lo que no dijiste,
que dibujan tu cara con la sonrisa robada;
síntesis de millones de silencios
que en un segundo ataviado de lamento
quisiste apartar para siempre sin saber de ellos,
que eran tu cárcel y tu su prisionero.
Sentado en este nuevo día – que sientes que te espera -
,
miras al frente y ves que no hay distancia,
que nada te separa de lo quieras,
que tus sueños cosidos a tu alma perseveran
en este nuevo lienzo que, del color de tu emoción,
al ocaso del mañana ofreces en sentida oblación.
Llega el nuevo día,
deja la noche envuelta en su negrura,
que marche buscando otros silencios;
que tus días se llenen de huellas,
y ellas, cómplices de verdades,
en oráculos de emoción brillen,
más allá de las estrellas.

Gerardo Esteban Serrano. (Castellet). Barcelona. España. Poeta autodidacta.

Diálogo frente al espejo

Fui pidiendo que me
diesen un buen consejo.
Me miré en un espejo,
más solo supe ver
allá de mi nariz,
a un tipo que miraba,
y no me dijo nada.
Será acaso infeliz,
¡También me preguntaba!

De la dicha de vivir en la vida,
los recuerdos son parte de alegrías,
también algunas penas que tendrías...
¡Qué bobo tú serías! si aun no anida
hoy en ese rinconcito de tu alma,
todo lo que te dio felicidad
si merecías, brizna de maldad,
y aquello que te hizo perder la calma.
Lugares que se anidan en tu vida
y encuentras revolviendo en los baúles,
insertos como calles sin salida.

Rebuscando un poquito en mi memoria,
"me sonaba a flautas" esa historia...
Claro, era mi vida ¡Vaya gloria...!

Has arraigado en mi mente

Podía haberte desnudado,
tenerte...
y con sutileza, haberte olvidado.
Podría haberte besado,
sin verte...
y olvidar mi pasado.
¡Pero me quedé prendado en tu suerte!
Podría amarte y no tenerte,
tenerte sin amarte...
Pero algo muy fuerte,
se despertó en mi mente,
cuando te hube besado.
¡Podría haberme pasado!
Que te olvidase a tu suerte...
pero has arraigado en mi mente.
Nuestro amor ha triunfado.
¡Y hoy bendigo mi suerte!

Tiempo de descuento

Fuiste creando una vida
de errores y aciertos,
amores y desconciertos,
entradas y salidas.
De hijos creciendo,
de sueños y alegrías,
de frustraciones y apatías.
Y sumando los años,
se te fueron desmontando
las cosas en que creías.

Entraste en tiempo de descuento,
para iniciar con premura una nueva vida.
Te llevaron los vientos a una tierra que florecía,
lejos de los que querías,
y la raíces dijeron:
¡Vuélvete de donde venias!
Dejabas más, de lo que obtenías.

Y de nuevo es:
Tiempo de descuento,
tormentas y viento,
de libre nacimiento.
Las fechas se suceden muy rápidamente,
cuando encuentras a quien te quiere...
Y yo tuve esa suerte,
ahora correré...
¡Más rápido que la muerte!

Francisco Vargas Fernandez. Almería. España. Licenciado en Filología Hispánica, profesor de Lengua y Literatura en secundaria. La mayor parte de su obra permanece inédita por decisión propia. Es miembro de varias asociaciones de escritores hispanoamericanos. Ha participado en varias antologías nacionales e internacionales.

Shi

Homenaje a la película del director
Chang-dong Lee (Corea del Sur, 2010)

Nadie sabrá, amable anciana,
qué clase de dolor
te estremece por dentro
ni por qué tu rostro tiene una expresión fija
como una máscara de teatro oriental.

El temblor de tus párpados
podría estremecer los aires atrapados
en las calles ignotas junto al río Han,
podría dar argumento a miles
de comparaciones de lúcida tersura.

Nadie comprende qué haces mirando
hacia las ramas de un árbol,
pero tú sabrás qué contestar sin parecer
un caso de evidente locura,
tú sabrás que buscas tu primer poema.

La ciudad tiene estaciones propias
que transmutan el fondo de los escenarios
cotidianos, pero el tiempo en ti
es una sucesión de fulgores
que intentas atrapar en tu cuaderno de versos.

Porque siempre amaste las flores
y pintaste tu mejor sonrisa
cuando la vida te sembraba
de asechanzas el camino,
porque dejas en el altar de la memoria
tus secretos pasados y tu presente devenir,
porque persigues la esencia del verso,
yo te llamaré Poesía.

Figura sobre fondo de calles tras la lluvia

Los charcos descomponen la figura
de los transeúntes que se animan
a explorar la calle tras la lluvia,
en sus pequeños universos de agua mustia
recomponen el puzle del cielo.

La tarde va tomando cuerpo
y se deja acariciar por las primeras sombras.
Es la hora del vagabundo,
su figura también se refleja en los charcos
como un fantasma que nadie quiere ver.

Este vagabundo merodea por las aceras
con mirada vidriosa, ajeno al tiempo,
imantando soledades,
con la inocencia culpable
del primer hombre sobre la tierra.

Este vagabundo amó alguna vez
aunque todo le parezca cosa de otra vida,
aunque ya no tenga fuerzas para cargar
con el recuerdo ni hacerse partícipe
de la enorme voluntad que supone amar
y ser amado.

Ahora, simplemente, se sienta en cualquier sitio
consciente de que le persigue,
sin tregua,
la sombra maldita del fracaso.

Ivo Basterrechea Sosa. Granma. Cuba. Radica en los Estados Unidos de América. Poeta, escritor, editor. Ha publicado el poemario Alma desnuda. Cubaneando. Diccionario cubano-español. La virgen de Paul Anka, narrativa. Milagros, libro de poesía y Yo soy jinetero, libro de artículos, entrevistas, monólogos y testimonios.

Convergencia

De Mode para Rachel y Grettel
que están en Cuba. Yo, aquí en Miami.

Mira la luna,
a la misma hora
en que yo la miro,
háblale que estaré
escuchando,
no llores
porque te estaré viendo.

Soledad

El frío derrite el neón
y lo deja disperso
sobre los charcos de la solitaria calle.
El sonido de mis pasos se adelanta
y va a sentarse
sobre un banco ocupado
por la ausencia de una mujer
que al verlo, se pone de pie,
sacude las nalgas
y deja como compañía,
el sonido de sus tacones altos.

El frío egoísta al fin
quiere la noche
sin soltar la tarde
y yo paso frente al banco
y miro de soslayo
a la pareja que lo ocupa.
Sonrío,
porque un poco de envidia
le da calor a mi cuerpo.

Elvis Dino Esquivel. California. Estados Unidos. Cursa estudios universitarios en cinematografía y literatura latinoamericana. Ha publicado el poemario, Sólo lloré en otoño. 2007 y Llantos del silencio. 2009

¿Qué es la vida?

Cuando en el oscuro firmamento
veo aparecer cientos de astros brilladores,
y otros mil ocho mil que en un momento
brillan con sus preciosos resplandores...

Y buscando la respuesta a la vida en mi pensamiento,
volteo a mirar al cielo y pregunto a los brillantes seres:
– ¿Qué es la vida, que es, brillantes luces bellas?
– ¡La paradoja! Me responden las estrellas...

Si al renacer la hermosa primavera
vuelve verde el mundo con alegría;
Entonces el río, el bosque y la pradera
son los aromas, las luces y la harmonía...

Cuando en jardín se convierte la ribera
y el bosque en viviente poesía,
– ¿Qué es la vida? Pregunto a sus seres,
– ¡El cambio! Me responden las flores...

Pero, si al mirar tus ojos, vigila
el bosque al astro su luz preciosa;
Si viendo todo el cielo en tu pupila,
alucinante por ti, mi alma curiosa
– ¿Qué cosa es la vida? pregunta obsesionada,
– ¡El amor! Me responderá tu mirada...

Consuelo del ángel

A un dios, un ángel desgraciado
su deprimente historia contó,
y aquel dios a su lado,
que al tanto oírla lloró,
consolando al desdichado:
– "No me cuentes más", le decía,
"de tu maldita suerte",
y el ángel desventurado respondía:
– "Es tan grande la pena mía
que siento que causará mi muerte..."
El dios se entristeció
y de tristeza sollozó tanto,
que cuando el ángel vio
tanto pesar, comprendió
que es gran consuelo el llanto...
Y el ángel infeliz se decía:
"Con pésima suerte nací;
mas hoy encontré alegría:
Ya no es tanta la amargura mía,
pues hay alguien que llore por mí..."

Adiós

Me despido. Ahora me lleva el destino
como la hoja que el viento arrebata;
¡Pobre de mí! No tienes idea, ingrata,
lo que padece este pobre corazón...

Mis inocentes ojos no sabían llorar
ni sabían de las noches de tortura;
mas hoy lloro, con triste amargura,
a solas este férvido y vanidoso deseo...

Y no encuentro consuelo en mi vida,
¿quién podrá consolar mis dolores?
¡Que me importa del mundo los colores
si mi maldita vida es tan gris sin ti!

Viajaré desapercibido a tu casa,
a buscar el calor de tu fuego:
¡Arrodillado, maldita, te ruego
que, por lo menos te acuerdes de mí!

Me largo a una región distante,
a una región donde nadie me espera,
donde no les importará que muera,
donde nadie me extrañará...

Cada quien seguirá con festejos
en sus discotecas, bailes y amores;
Se cerrarán los pétalos de las flores,
que ya de mí ni distante hablarán...

Lucio Estévez. (Ángel). Cuba. Radica en los Estados Unidos de América. Poeta, escritor y periodista. Ha publicado los poemarios, En el libro del tiempo, Aladas y Poemas de mayo.

Poemas de Mayo

3

Mayo delirante de ficticios sueños,
en él convoco poderes mágicos,
y montado en el castigo de mi cuerpo
realizo ritos de duendes
hasta quedar sin lucidez.

4

Rodeado de frenéticos silencios,
obcecado por la triste soledad del alma
acumulo insomnios de deseos
por lo que hasta ahora
la distancia me ha negado
y sin ella y por ella,
vivo en una pesadilla,
perdido en universos de mentiras.
En estas noches de Mayo
rodeada de luces y campanas
llega el alba mientras sueño
con tu blanca desnudez frente al espejo.

5

Cuando las llamaradas del verano
incendien mis domingos
mi cuerpo en espiral

volará a los horizontes
de donde no hay regreso.
Bajo quebradizas lloviznas
seré devorado
por las fauces del tiempo
y echo lluvia de fuego
lloraré sobre tu pecho.

10

Aunque con algo de agonía por la ausencia,
hay sinceridad en este incendio de campanas
que tañen en la piel al unir nuestros cuerpos
con alas de besos y añoranzas.
Nuestro amor de metal azucarado,
puebla cada caricia con suspiros,
impide las parálisis del tiempo,
alegra el almanaque de los sueños,
alienta las brújulas del sueño
y llena de domingos los relojes
marcando los horarios del regreso.

11

En el lóbrego rincón donde habito
la distancia pone cerrojos al deseo,
empaña con figuras ajenas los relojes
y asoma rostros desconocidos al espejo
pero nada detendrá tu cuerpo hacia mis brazos,
la estrella asomada a la ventana anuncia tu venida.

12

Nada podrá separar nuestros misterios
y dar las espaldas al destino.
El amor izará los besos
para hacerlos volar sin emboscadas
en los vientos del deseo,
madurará en las lenguas
las mieles de la dicha
y en los cuerpos y el alma
la dulce almendra de la floración.

13

Virgen desvestida
ante el alba, así te sueño,
llena de Mayos y promesas,
luces y pájaros, constelación
de mieles, ríos de fuego,
y delirios de poesía, volando
en las manos de un ángel.

Alina Galliano. Cuba. Estados Unidos. Ha publicado Entre el párpado y la mejilla, Colombia, 1980 y Hasta el presente (Poesía casi completa), España, 1989. Su obra La geometría de lo incandescente (en fija residencia) ganó el premio "Letras de Oro" (1990-1991) en el género de poesía. En el Vientre del Trópico. (1994). Otros libros publicados por la editorial Betania. España en 2007 y reunidos bajo el titulo Otro fuego a liturgia, son: Del Tiempo y Otras Puertas, La Danza en el Corazón de la Esmeralda, El Libro, Inevitable Sílaba, Entre el Marfil y el Agua y Litografías a partir del Aire. Elegidos 2008-2009 concurso de poesía y narrativa . Instituto Nacional Latinoamericano.

El corazón descansa en el presente, algunas veces,
regresa a esos perfiles que guarda la memoria.
Las únicas fotografías que conservo,
si quiero conversar con lo que ha sido o lo que puede ser,
desde estos tiempos donde los cambios son tan inminentes
como una taza de café o un cigarrillo después que me levanto
a un pulso transparente sobre el día.
Nunca he aprendido a verme definida en instantáneas
que develen mis viajes , mis amores, las despedidas,
las circunstancias que me salen al paso aquí en Manhattan.
Me doy cuenta que a ratos soy un ojo devorando el paisaje,
las pausas del vivir, los kilómetros dejados entre abrazos y ciudades,
pausas que saben mis reseñas a cotidianos momentos

fuera de los relojes y las expectativas,
pausas que saltan como liebres diseñando el planeta,
sus guerras o las posibles democracias
que para hablar descuartizan de raíz la razón
y resultan ser tan feroces,
como un golpe rompiéndote las vísceras.
Los rostros que he querido me atrapan los parpados,
me sorprenden a esquinas de ternura
y saben caminar abiertamente esa brújula antigua
donde guardo a una pura emoción el sentimiento
de seres que no están pero persisten
lo mismo que un aroma entre mis huesos.

83

Los días se fabrican con luz propia, fuera de mí,
ausentes de mis uñas, mis sonidos,
ausentes de esas cotidianidades
que resbalan sin prisa la casa y sus paredes
o el hospital donde mi madre estuvo porque se
emociona
al no saber desandar el torbellino a sus internos.
Los días se fabrican con luz propia,
fuera de toda muerte,
fuera de todo entendimiento u orden
que alivie las visiones
devorando el centro de mi ojo y sus alternos.
Puedo con un sólo dedo marcar sobre los mapas
el próximo temblor de tierra, el próximo deslizamiento
en las capas tectónicas de los mares,
puedo archivar las cifras de los cuerpos
a un futuro de tránsitos tan específicos
que la respiración se paraliza en mis pulmones
y no existen palabras para el código genético
configurando su improvisación de extrañas geografías
para aquellos que aun existan después de tanta pérdida

que habrá de redefinir a otro nivel de cuerpos y
volúmenes
el sentido de ser otra vez bosque de humana medula
acariciando lo que quede de vida sosteniendo perfiles,
ecuaciones para estrenarle al amor la otra desconocida
música
que rompa pecho adentro y nos vuelva a dar nombres
que puedan ser escritos sobre tierras y aguas,
nombres tan irregulares como son los relámpagos
cuando nombran los cielos a nuevas tempestades.

Pedro Pablo Pérez Santiesteban. Holguín. Cuba. Reside en los Estados Unidos de América. Poeta, escritor, editor. Tiene varios libros publicados en los géneros de poesía, cuento y novela. Su obra ha sido reconocida con el premio AG de poesía: Poeta siglo XXI 2007 en Estados Unidos.

Ola del silencio

A mis hermanos, que buscando un rayo de luz
encontraron el silencio.

Tibia quedó la ola
que punzante cruzaba mi camino.

Arrastrando un último suspiro,
teñida de vidas apagadas
y cuerpos convertidos en peces
—cegando el rugir de la marea.

Tibia quedó la ola
de aquellos que murieron sin arena.

Las Puertas

En la distancia se cierran las puertas,
puertas espesas; incongruentes
—inseguras y monstruosas—
que danzan el movimiento lento,
haciendo cantar sus bisagras rojizas.

La madera es terca; dura
—resistente e impermeable—
íntima en sus deseos, sin caridades absolutas.

Del otro lado las manos
—débiles—
urgidas en el toque de su lucha
—tibias—
sin treguas,
llevando la esperanza en cada puño,
latiendo entre los surcos que van marcando los dedos,
que casi se desgastan en busca de la luz.

La luz que se escapa en las rendijas.

Amigo en la distancia

Yo no tenía más que tú,
ni tú tenías más que yo.
Teníamos lo mismo
guardado en cada mano.

Tú cerraste el puño
y guardaste para ti tus sortilegios.
Yo abrí el puño
y dejé que volara mi mensaje.

Tú preferías volver a tu guarida
donde el hambre pintaba las paredes.
Tú sentías el miedo caminando
erosionando cada espacio en tus rincones.

Yo tomé el tren de las fronteras,
sin maletas ni equipajes reforzados.
Me llevé un poco del mar en una lata
y una palma real sembrada entre mi pecho.

Tú quedaste encerrado con tus sueños.
Yo pretendo despertar de los recuerdos.

Ella, la mujer del otro día

Ella muere de nostalgia
porque su azul no cubre su mirada
Se encierra en el ayer,
en el olvido.
Ella muere lejos
cuando más cerca se encontraba.

No sabe del tiempo,
no hay ni una rosa en la ventana.

De negro viste al enmudecer el día
y la muerte le agita su premura.

Ella esta distante del encuentro...
ya es cadáver;
murió aquel día en que cruzó los mares.

Carmen Luisa Pinto Pereira. (Carmenluisa). Cuba. Residente en los Estados Unidos de América. Editora, escritora, poetisa, compositora, ganadora del Gran Premio del concurso Carlos Enríquez 1992, UNEAC, con el cuento, El río de mi pueblo. Ganadora del Primer Premio del Concurso Internacional de Poesía Eugenio Florit, 2003, del Círculo Panamericano de Poesía de New York, así como otros premios y menciones.

Dónde vas a esperarme

A mi hija Lizy...

No he de encontrarte ahora
en el pequeño espacio en que la luna
estira su cansancio amanecido,
que la aurora boreal tímida y sola
se rompe sin tu risa color malva.

No he de encontrarte ahora
vestida de aguinaldos y magnolias
en tu urna de cristal sin zapatillas,
mientras cae el telón de los finales
en mis manos de garra encallecida.

No he de encontrarte ahora
que el embrujo transforma
al cisne triste, en la princesa Sombra
que en invierno florece bajo un sauce
detenido al pie de mi congoja.

No he de encontrarte ahora
que mis rosas de púrpura gotean
la sangre de un dolor sobre el carruaje
que conduce hasta el centro de mi alma.
Allí... ya estás inquieta de esperarme.

Parque central

De tu suburbio en desorden.
De esa red suburbana
que atraviesa tu cuerpo en decadencia.
De tu antojo de barrio maldecido
poblado de gendarmes y fantasmas.
Desde el parque central de tu egoísmo
Al centro redimido de la esfinge
de un hombre enmudecido de tu
sombra
un álamo doblado se bosteza
y desgaja su horror
y su modorra.

Visita V

Estoy junto a las mesas
de los grises banquetes
esperando a mi preso
que hoy no estuvo presente en mi llegada,
siento frío en la boca del estómago,
me entretengo mirando mi contorno,
una abuela doblada por los años
acaricia la cara de su nieto
que sangra por el curso
sobre un sillón de ruedas
escoltado por cuatro bayonetas.

Llueve

Llueve,
afuera llueve a cántaros,
los gigantes han comenzado a llorar
en mi galaxia de rayos y centellas;
debo como alguien que no recuerdo dijo:
salir a remojar los tuétanos bajo la lluvia
pero en esta galaxia sorprendida por serpientes
la lluvia no refresca.

Ernesto R. del Valle. Camagüey. Cuba. Reside en los Estados Unidos de América. Poeta, escritor. Mención en poesía Concurso Navarro Luna, 1986. Ha publicado en Argentina, España, Italia, Australia y Cuba. Finalista en el Concurso Internacional de Poesía 2010, del Centro Poético de Madrid. Premio en el 1er Concurso de Cuentos Cortos para el estado de la Florida, 2010. Tiene publicado Miércoles de Ceniza (Cuentos) Miami, Ed. Voces de Hoy 2010 y Alabanzas y alucinaciones, Editorial Glorieta. 2011. Es editor de la Revista Literaria Digital Guatiní.

Generación

Soy tu generación, mi propia huella.
Aquel surco que trazaste y yo empapé con mis heridas.
Somos estas palabras crecidas
cual noctámbulas estrellas.

Somos nuestra propia luz, tal vez la niebla
a la orilla de un año y otro año,
que ganamos o perdemos tras ese sueño extraño
y tanto sueño puebla...

Soy ustedes acaso y, ustedes y los otros
que soy yo viviendo desbordados en canciones.
(¡Somos nuestros mismos rostros...!)

Soy ustedes, estrellas desprendidas
del ámbito social cual chispas vivas
en simples corazones.

Te digo que...

El sueño es un páramo accidental
donde los querubes
pierden la inocencia.
Es bueno soñar con las gaviotas
(No me preguntes por qué)
Porque no me explico tantos sueños
despedazados
en el acantilado del olvido.
Hay otros sueños,
otras magnitudes,
otros sortilegios
pero a estos déjenlos tranquilos
en la apacible estancia
de sus cristales amarillos,
sus gardenias
y puñales.

Escribir

No hay silencio
sino su aroma levitando
en la palabra que no ha nacido
que no es esencial, que no es silencio.
No hay vértigo alguno, sino tú y tus miserias frente a ti
observando cómo llegan las palabras
madurando unas tras otras.

No es el silencio, ¡no!
es esa coartada contra la muerte,
contra el olvido
y contra la palabra,
nuestra máxima enemiga...

Grisell Esmeralda Morataya Castro. Puerto Barrios. Guatemala. Docente y poetisa. Ha participado en varias antologías nacionales y extranjeras.

Recogí migas

Mucho más allá de donde habitamos,
allá donde alcanza nuestra mirada,
donde el espíritu surca libre,
allí están las divisas, promesas.
Ayer inventaste un atajo,
sondeando lagos, ríos,
montañas, vientos y mareas,
me perdí a tu acecho,
recogí migas por tablero en jaque
y, obligada volví mis ojos al oriente,
di mi alma al que vive por siempre.
Mi hambre eres tú,
en ti, está el alimento renovado,
¿Cuándo será el día de cosecha,
de la saciedad,
del abrumado que abate sus alas
y te desea?
Compensas mi alma con tu nombre,
me premias como abeja obrera
con el propóleos que da fuerza
a mis extremidades
dando el calor a mi esencia
que se gloria al tenerte.
Mi hambre eres tú,
Y mientras existas seré
la hembra de los sueños
dorados.

El dueño de la vid

Vislumbra campos ligeros
en un mundo tosco,
sube a su monte recordando
los seres que le han abrumado.
El sufrimiento hace desfallecer
sus piernas,
siente como el llanto le quiebra
y arrasa su alma,
esa tala que rompe la piel
de sus rodillas,
el dolor perfora y estremece,
entra en un espacio incorrupto
donde hay expectación,
cantando exquisitos loores
al universo.
Se olvida de él,
abre vía en dimensión sublevada
haciendo expiación
por un mundo nefasto.
Espera que ese cáliz de aflicción
sea el principio de la unidad tangible
en la familia actual a nivel mundial.

Vigía que...

Vigía que desviste mis huesos,
que consume mi género y mi verbo,
agrado en el ocaso, que desnuda
mi hambre
que distingue tus noches y albas,
--sabes que te echo de menos—
Tú, mi sexto sentido.

Y que suspiro a suspiro la esencia recorre
entre efímeros vientos,
avanzando lento el espacio y el tiempo,
con suaves meneos, extremos pausados
travesía de torbellino, de fuerte corriente
sacudiendo tus mejillas cimbradas al viento.
Tú, mi sexto sentido,

Vigía que desviste mis huesos,
qué vez en mi atuendo tus noches vacías,
despoja mi alma atractiva y hermosa
descubre tu frente y enciende la lumbre
para que descargue el sueño dorado
y salten polvillos de rociadas auroras.

Vigía que desnuda mis huesos,
Descarga el sueño dorado
Sobre tu hembra .

Beto Brom. Argentina. Reside en Israel. Poeta y escritor. Ha participado en varias antologías nacionales y extranjeras.

Continuidad

El observar el agua intranquila en la fuente de los
pájaros me transporta a otra dimensión.
el diminuto grifo da paso al líquido con nacimiento
ininterrumpido,
un leve chorro cae sobre un montículo de piedras
acomodadas en el centro,
de allí parten en busca de libertad esos círculos que se
agrandan... hasta desaparecer,
ese continuo foco inicial de diminutas olas,
ello es lo que concentra mi atención,
de tanto en tanto unas burbujas demuestran su
existencia,
quizás anunciando un presagio.
del agua venimos y al agua vamos...

Francisco Acevedo. Puebla. México. Escritor y poeta. Ha participado en varias antologías nacionales y extranjeras.

No me dejas dormir

Son noches como esta donde fumar es mi consuelo,
cada bocanada me pinta tu rostro sonriendo,
cada respirar me crea un minuto de desvelo
para continuar pensando en ti y seguir escribiendo:

La luz del atardecer sobre las olas espumeantes,
alguna tonada conocida se escucha a lo lejos.
La brisa acaricia tu cabello que mis ojos miran
expectantes. Tu boca se abre y tu mano tapa mi vista
del sol y sus reflejos.

Te recuestas junto a mí,
el calor nos ha sedado,
la brisa aún te acaricia,
el mar nos ha rodeado.
Esa tonada cesa porque tu voz la ha apagado.
No hay mundo, no hay nada más... me has hipnotizado.

Despunta la luna en el horizonte de tu espalda.
Las estrellas anuncian quizás sobra tu falda,
que tu piel sabe a sal con gusto impresionante.
Los cabellos en tu cuello me dicen que besarte es el
instante.

Te agitas un poco pero sonríes por el tocar de mis
manos que recorren tu vientre explorando la suavidad.
Te acercas más a mí, buscando mis labios.
Miras mi rostro, deslumbrado por tu claridad.

De pronto me besas y sentimos esa electricidad,
como roce que quema y grita,
un sabor dulce, querido, que pudo dar la sola
casualidad.
Esto tenía que ser tarde o temprano, mira la
eternidad....

Son noches como ésta en la que me conformo con un
sueño. Un sueño como éste que cuento entre miles.
Una ilusión que tengo que olvida mis hechos viles.
Fantasía que comparto porque no merezco ser el único
dueño.

Armando Cano. Quintana Ross. México. Poeta y escritor. Ha participado en varias antologías nacionales y extranjeras.

Debajo de tus ojos

No quiero vivir al pie de una montaña,
donde haya una cascada o un manso río que corra.
Quiero vivir debajo de tus ojos, pegado a tus lunares;
colgado de tus labios, cerquita de tu cuello.

Sí, quiero vivir en el aroma de tu pelo,
en lo suave de tu piel, y en la curva de tu seno.
Y quiero también estar viviendo en tus almohadas,
soñando con tus sueños, bebiendo tu café.

Sólo he querido vivir anidando entre tus manos,
navegando en tus caderas, anclado entre tus muslos.
Quiero tener para mí tus ojos, tus pezones,
lo blanco de tus dientes, tu talle, tus rodillas y el tono de tu piel.

Quiero vivir en tu angustia.
En tu llanto, tus insomnios, en el timbre de tu voz.
Y no he querido vivir nunca más en la montaña,
ni en la selva o en la playa. Sólo contigo, entre tus brazos, Emir.

De tu piel los sonetos

Estoy esperando siempre
de tu mirada los versos,
de tus caricias estrofas
y de tu suave piel los sonetos.

De tus dedos agiles, delgados, recibo,
cuando disimuladamente me tocan,
los puntos, los acentos y las comas,
los tropos, los verbos, los aromas.

Cuando suspiran tus húmedos labios
se percibe un largo eco,
sé que es por la metáfora
que con fuerza leen tus besos.

Esta sinestesia me llega a vibrar el alma,
y es tal el número de epítetos
que me hacen perder la calma, por tu cuello,
tus pezones, por tus muslos, tus razones.

Esa anáfora que usas cuando por la calle vamos
hace que el mundo se agite,
logra que el viento, que el viento, se calle.
Por tu cintura, tus ojos, por tus uñas, tu talle.

Es por eso que te amo, cada que enciendo la radio,
cuando transporta el éter tus suspiros en rosario.
Y cuando estas a mi lado mi corazón tiembla y goza
escuchándose en tu pecho claramente un campanario.

Compañeros de mis sueños

Me encantan los dedos de tus pies
blancos, largos, largos.
Me gusta mucho mirarlos
simétricos, rosados, estéticos.

Compañeros de mis sueños
son tus dedos. Los hermosos,
perfectos dedos de tus pies
con sus inconfundibles uñas de sal.

Perfectos dedos de invernadero
son los tuyos, cultivados, cuidados,
amados. Y quisiera poder besarlos
uno a uno.

Coleccionarlos, tocarlos, sentirlos
y soñarlos
a esos dedos dignos de una diosa,
hermosos dedos dignos de ti.

Livia Díaz. México.

Algo quiere ser voz en mi palabra

Currículum vitae:
Yo solo he tomado de la vida
lo que por derecho de amor me corresponde.
Dirección:
Estoy segura que la autora de mis días
será llamada por mi nombre.
Posición Actual:
Hace mucho tiempo que no soy feliz.
Habilidades:
Vivo con las mandíbulas apretadas.
Mi lengua es prisionera. Mientras la asfixio,
ya no quiero que ceda
ni que se dispare.
Objetivos profesionales:
...que la poesía como hecho artístico-social
se siente en el WC y lo descargue todo...
Por encima del otoño,
la primavera, y
la REAL ACADEMIA DE LA LENGUA.
Lugar de nacimiento:
Nací con el corazón al revés.
Dios se ha empeñado en hacerme mirar el cielo
pero sigo aquí, de tierra.
Conocimientos:
Un instante antes de morir
conocí el peldaño donde vivir o morir
resulta indiferente.

Tan libre de pasado y de futuro
que puedo decir,
que viví un presente perfecto.

No era yo la que quedaba sola,
ustedes se veían muy solitos sin mí.

Me dejé guiar por su voz y su coraje.
Embebida en la ternura de la solitud.

Último empleo:
Entré por ella a tus ojos
descendiendo a tu agua,
naufragamos en ti.
Observaciones:
La única verdad es la vida.
Habilidades técnicas:
Todos los días escribo mi país.
Escribo que tiene puentes y montañas
y nidos para los niños que comen frutas
a buen cobijo en cualquier lugar.

Todos los días amanece y escribo:
"por sus venas caminan negros como la noche,
los hombros de los obreros."

Escribo "su aceitoso sudor, que
avanza como la leche, alimentándonos a todos."

Escribo que su riqueza reluce como las aguas
cuando el sol pasa.

Todos los días escribo mi país.
Escribo que tiene puentes y árboles
llenos de mangos y papayas
y dulces para los niños.

Escribo que tiene ríos de perros
llenos de leche, y todos comen
¡y saltan como liebres!
y me duermo. Y amanece,
y mi país acude,
y sueño.

Cuándo puede presentarse a laborar:
Hasta que el día sea como la muerte.

Padece alguna enfermedad:
Cabalgan caballos mis rodillas,
mientras jinetes iracundos, le silban a mis muslos
para que no se caigan.

Firma:
Tu conciencia es la luz
de la que me alimento.

Urania Margarita Guerrero Jiménez. (Urahaniaj) Veracruz. México. Lic. en derecho, poetisa. Ha participado en los VI juegos florales de 1989 en los que obtuvo mención honorífica. Mención, En México lindo, de 1990 con la letra de una canción.

La historia de una mirada....

Miré en tus ojos
La luna alumbrada
Sembrada de hortalizas y sueños
Con el rocío preñado de luciérnagas
Encubadas por manantiales y cascadas
De valles prisioneros
Aquellos que dejaste atrás en tu retaguardia
Con ajuar de tristura y almidonados recuerdos
Descubrí la América y el África
En el lentigo de tus lamentos
Tu esclavitud oculta
y tu alma podada por descubrimientos
Miré en tus ojos esos alumbramientos de indias
Donde el sol amanece más rojo que naranja
Miré cantar el laúd en el naranja de tu mirada
Aranja ....aranja
Mirabas con la sombra melocotón
Carnavalesco era tu armadura de esos ojos coquetos
Caballero andante comiendo frutos frescos
Fiestera en la algarabía
Alegría llevaba tu entrecejo
Mientras Shakespeare te cantaba versos
Con su vaina de vainilla
Endulzaba a esos ojos tiernos
Te encontré pensativo sobre la roca
Era tu conciencia atravesando navíos
Tu mirada ausente disparaba nardos

Cansados y en el hastió te busqué ansiosa
Entre tus aguas tortuosas sentí tu dolor sofocarte
Me abalancé a tu mar profundo
Quise rescatarte....
De esos tus amarres de otro mundo
Olvidé mis miedos
Mis candados mis orgullos
Y miré tus ojos de insania penetrante
Y me bebí
Todo tu océano negro
Como tu noche era de abrojo y ojos ciegos y
Hambrientos de cuervos
Seguí el sendero de las libélulas y
Te elevé a mí... mío monasterio
Con su luz y olor a crisantemo
Buda ... tocaba tus ojos muertos
Velas ardían en tus ojos secos
Te sentí perdido....
Tus ojos eran de otro lugar desconocido
Donde abunda la niebla
Y las hormigas trituran los olores
Y recuerdos de tu mirada
Un Vacío en el silencio....
Tu mirada no cantaba
No hablaba con insectos
No entendía ni el dolor de esa tierra que a veces lleva
estiércol
No sentía recorrer el color del arco iris
Ni el aliento del viento
No sentía ni el respiro de otros ojos
Ni su lengua de montaña mojada de minerales
Con su voz oculta en el altar de sus colonias de
Arrecifes
Entonces le miré....
Besé en un suspiro torrencial

Con mi mirada
Aquellos ojos desiertos...
Una lágrima tocó como un clarín
Los parpados marchitos
De sus ojos.... Se abrieron
Como un cofre de esmeraldas
Floreciendo... Imaginé volver
A ver el óleo que recorren sus mares
Por las minas preciosas de sus ojos
Navegar por la balsa revestida de sus oros
Y saciarme del dorado de sus girasoles que miran en el fondo
Y así fue todo ....
Un largo paseo por sus ojos
Y recorrimos el Estambul
De esos sueños perdidos en el umbral
Del iris
Con elefantes que recogen nuestros diamantes de luz
Perdidos para ese feliz viaje.......

Omar Lugo Martínez. Durango. México. Poeta. Estudió Administración de Empresas.

Plegaria de un asesino

un viernes por la noche
saqué a pasear a mis demonios
que habitan en mi
y lo único que vi por la avenida 28 y 32
fue un pliego rojo deslizándose tras de mi
mi cabeza gira como las manecillas del reloj
todo era tan diferente y distante como cuando
era feliz, por un momento sentí un poco de miedo
¿díganme quien no lo ha tenido?
me apresuré a llegar a mi casa ¡¡¡maldición!!!
mi familia yacía en un mar de sangre
mi madre ultrajada y violada con una puñalada directa al
corazón
mi padre amordazado en una silla con la cabeza
destrozada
a mis hermanos los desmembraron y los echaron a los
perros
¡¡¡a mis propios perros!!! era toda una carnicería!!!
cogí el teléfono y marqué a la jefatura, no demoraron
mucho
en llegar ,pues era obvio mi desesperación
llegaron los susodichos policías y me arrestaron
por dicho sospechoso, grite y pataleé, les decía que
como iba
ser capaz de hacer algo tan terrible, al llegar al
departamento
de policía de Gómez Palacio, me encontraron culpable
ya que corrían 10 ml de heroína por mis venas,
después que volví en mi, miré mis manos
ensangrentadas

y recordé que los había matado a causa de las drogas
andaba tan drogado que no supe lo que hice
me sentenciaron a cadena perpetua en una cárcel de
máxima seguridad
ya no tengo nada que perder, perdí todo en tan solo una
noche
y hoy después de 22 años en prisión me di cuenta que
aun existe una salida ...
la muerte .

Un respiro cerca de vivir

yo puedo detener la guerra
yo puedo obligar a que hablen los mudos
puedo bloquear la puerta de la percepción
yo puedo localizar tesoros en el fondo del mar
yo puedo comprar lo que se me da la puta gana
sin importar su valor
puedo hacer todo esto
pero no puedo separarme de ti
te has clavado como la espina de un rosal
frágil perfumada y dolorosa a la vez..
puedo pagar cualquier precio
sin importarme cualquier cosa
puedo vivir después de mi muerte
puedo estar de pie y caer a la vez
en las inmensas corrientes del mar
podre pasar la prueba más difícil
y vencer a todos , mataría por ti ...
pídeme que lo haga y lo haré!!!!!!
pero no puedo vivir sin ti
no me pidas que te deje de amar
que sería un sacrilegio
puedo oír el grito del silencio

puedo organizar mis sueños
y en mis sueños siempre estás tú
puedo quemar a la bruja
que asecha en las noches
puedo elegir no decidir
y te elijo a ti !!!!
puedo viajar al cielo..
pero no puedo sacarte de mi
es tan difícil
siempre en mi mente...
simplemente deja que mi veneno
derrita la escarcha de tus venas
pregunten por qué
porque somos invencibles
y tenemos todo el tiempo del mundo
y saben que se siente tan bien
tan solo un poco más lento pero sigue avanzando
!!!!!!!!!estamos a un respiro más cerca de vivir!!!!!!

Miguel Ángel Martínez Serrano. Ciudad de México. México. Poeta.

No estás sola

El viento que sientes
Pasar perfumando
Tus recuerdos, soy yo,
Es mi ausencia.

Surca tu pensamiento,
Acariciando, el triste
Suspiro que se pierde
En tu apariencia

La palabra del viento
Retoza en tus
Redondos hombros
Elevándolos hacia mí

Aliento que embaraza
De amor a la esperanza
Que nace del murmullo
De las oraciones
Abriga al viento de
Las utopías que vuelan
Sombreando, las horas
De nuestro encuentro

Dos gotas de agua

La casualidad en una ventana escurría
Juntando a dos gotas de agua
Encarando su naturaleza saltan en un sólo
Camino, perseguidas por la lluvia

Abrazadas en su egoísmo se derrumban
Al vació inmenso del viento
Que sopla meciendo a la indiferencia
De mirada cimbrada

El viento insolente se enreda en las ramas
Colgadas de voces fingidas
Sacudiéndose al silencio eterno
En dos gotas de agua que no se hablan

La tierra ansiosa espera al beso anunciado
De las nubes de algodón
Las gotas separadas pelean a muerte
Rompiéndose en un charco de inmundicia

Confundidas miran su reflejo nublado
Saltando entre las gotas que se extienden muertas
Pretendiendo subir una encima de la otra
Se hunden encajadas en su arrogancia

A mi patria

Tus manos damnificadas enjuagan el sudor
Que marcha por los surcos de los años
Empapando los bolsillos del poder
Sentado en la espalda hundida de discursos

Tu caminar incierto se escucha con el polvo
Del viento que cae, envolviendo tu cara
En la tierra rociada de sangre de tus hermanos
Suspirando por la libertad de su alma

Las palabras lastiman como látigos a la razón
Escondida en los labios hambrientos de verdad
Héroes de papel en la historia deshonrada
Se escriben en letras de oro, luciendo en soledad

El silencio acompaña a la tristeza de mis ojos
Pensando en las calles desamparadas de ley
¿Quién pagara por los crímenes de mi gente?
¿Quién detendrá las balas, antes que asesinen?

Un diminuto grito es acallado por la multitud
Es la cobardía que se escapa por entre los pies
De mi patria que se levanta para lloriquear
Sumisamente a sus gobernantes muertos...

Isabel Cristina Murrieta López. (Oquimachy). Sonora. México. Especialista en Salud Pública. De ascendencia Ópata. Cronista Oficial. Poetisa. Promotora Cultural rescatista de la cultura Ópata y defensora de las costumbres de la sierra alta y las etnias sonorenses. Fue Diputada Local en la LIV Legislatura de Sonora. Es Presidenta de SIPEA Sonora (Sociedad Internacional de Poetas, Escritores y Artistas) Coordinadora General del Colectivo Cultural Hía Tehuikatzi. Embajadora en México de Poetas del Mundo.

Basta un instante

Basta un instante,
Una mirada,
Una sonrisa errante,
Una caricia anhelada
Para convertir tu vida,
De un corazón
Una morada.

Así fue contigo:
Tu mirada insinuante,
Tus manos resbalando
Por mi espalda,
Tus palabras en susurros
Cayeron suavemente
En la callada alfombra
De mi alma.

Al levantar mi rostro
Para mirar el tuyo,
Y sentir tu aliento
Sobre mi cuello,
Mientras aspirabas con deleite
El perfume de mi pelo.

Bastó un instante
Para prender de un alfiler,
Vida y destino
Que siendo míos,

Hoy también
Solo tuyos son.

María del Carmen Sánchez Rojo. Jalisco, México. Técnica en mecánica y computación. Escritora y poetisa.

Poema 1

Incongruencia
Si no fuese por que antaño
Te asías a mí como niño a su juguete
Buscando el resol de tu figura en mis ojos
Y como madera al fuego la magia se consumase

Tu arribo fue como la ventisca, sin mando
Te dibujabas traslúcido y eras borrasca
Pretendías arrastrarme a tu fango
Dando el batacazo de ola traicionera

Te vale el embrujo... la hechicería
Tentada he estado en maldecir el roció de tus labios
Por trasegarme en tiniebla... en sombra

Erudito vendedor de ilusiones
Seductor de mujeres
Coleccionista de corazones

Poema 2

Cenizas calcinadas
Durazno en almíbar bañado por luna
Tu risa pertenece al pasado
En que de amor hacías derrocha
Tu recuerdo se ha ido calcinando

Se consumió tu voz que me envolvía
Todo se ha ido incinerando
Inicié por olvidar tu aroma
Luego se me extravió la forma de tu cabello
Ya no recuerdo tus ojos
Se desvanecieron tus labios
Desaparecieron tus brazos
¿Y cómo era tu figura?
¿Te amé?
...¿tu corazón palpitaba?.

Poema 3

Alguna vez fui pordiosera
Veleta sin rumbo
De tus besos mendiga
Tu mi guía, mi aliento

Que te respiraba
Fue algo sin sentido
Atrás quedó la tormenta
Ya no te padezco

Vacante quedó tu sitio
Me cansé de asirme al espejismo
El anhelo se ha desvanecido

Por algún tiempo hubo nostalgia
Hoy omito tu nombre
Olvido.

Julio Carmona. Perú. Poeta, escritor, ensayista. Ha publicado varios libros de versos desde 1970 hasta el 2009. Docente universitario en la Universidad Nacional de Piura.

Tu protesta es mi protesta

Protesto por las horas que he pasado sin tus ojos.
Rechazo las angustias que rodean tu venida.
Me opongo a la dulzura del sueño de los ricos.
Deploro que los pobres no se amen a sí mismos.
Detesto el corazón de las palomas en palitos.
Me indigno ante la sola idea de que me crean indigno.
Repudio la osadía del que se cree dios aunque se llame Jesucristo.
Desprecio a los que cambian el sol por unos cuantos botones amarillos.
Y me alzo en armas si escucho que tarde o temprano todos seremos gringos.

Náufragos

Tal vez las mismas olas acostumbradas a cargar con todo
Lo que flota en medio del naufragio simplemente te llevaron
A estas playas desiertas donde el trino de los pájaros se avergüenza
De verse asediado por agentes de seguridad y en sus árboles
Está impregnado el hollín de la sevicia ¿por qué negarlo o velarlo
Si tus pestañas lo gritan y a los niños no les queda otra cosa

Que acostumbrarse a convivir con los cuchillos sangrantes
De los matarifes. Sin duda una pizca de pudor reclama
La receta del vendedor de ilusiones y por eso los cánticos
En las iglesias han ido cambiando de tono hasta convertirse
En gritos destemplados y los gallinazos han optado
Por abandonar los campanarios en estos tiempos
En que más vale pájaro en mano

Ojo avizor

Yo no tengo razones sino risas a cuestas. Y, sin pelos en la lengua,
Sólo los labios secos me condenan al desprecio de los que usan palacios
Para orinar. Navego entre voraces carcochas desprovistas
De luces, de puertas y ventanas, y sin dientes y ciego como un alcabor
Me abalanzo a los brazos de la primera víctima
Que opta por redimirme con su matiz de espejo,
Mas retrocedo solo y sólo porque es prudente dudar hasta de las hormigas
Que algún día ganarán, de todas maneras, la batalla, pero hasta entonces mejor dejar constancia de que se es desconfiado
Como se es mayor de edad o gustador de sangres
Dulces o de dolores bellos u horizontes de espanto,
Mejor es el mordisco a pleno grito.
Caer de la nube al cielo calma la sed del río seco
Y le enseña a las plantas de los pies cómo se hacen los senderos.

Julia del Prado. Lima, Perú. Bibliotecaria, periodista, escritora. Ejerció la docencia universitaria. Ha publicado: Estampas y leyendas de Huacho y del Norte Chico. Huacho: 1999; En toda el alma hay una sola fiesta.; libro de poemas. Huacho: 2000 Encuentro con Huacho y allende los mares. Lima: Biblioteca Nacional del Perú, primera edición agotada(historia de la vieja provincia de Chancay en la voz de viejos: testimonios y crónicas) Cabriolas (historias en verso para niños). Lima: Editorial San Marcos, 2004. La Tortuga Alicia. Lima: Editorial Zignos, fines del 2007. Tendido de sol maduro. Lima: edición de autora, 2009.

Bella, mi gaviota

A esa princesa de corte fatua,
las olas en su sonido de casitas de tritones
no lograban arrullarla; sólo una pluma
le producía un ligero cosquilleo, en su frío páramo.

Cubrió sus hombros con su chal negro
en playa desierta, saboreo esa tarde
con vino y sangría, hizo ademanes en redondo;
abrazo sin más la tierra.

Y poco a poco, lentamente, sin premura
ingresó a la mar desnuda,
ya no cabía más en ella su último amante
que un dia la llamó:"Brisa, Bella, mi gaviota".

Chacana de Inkarri

No nos vemos nunca cara a cara,
Oh antepasado que mi voz no alcanza
Para ti ni siquiera soy un eco(...)

Jorge Luis Borges:
Al primer poeta de Hungría

Nos vemos cara a cara
en vigilia diáfana
como cuando me arrullas
en mi espalda dormida
con esos gráciles soplos.

Vienes a mí en forma de luna,
o de nube o de otro sol;
Oh Hermano: suena el cuenco
entonces alucina esa chacana
de Inkarri, de tiempos, de ancestros.

Tu voz se escucha lejos, más se acerca
en tu consejo que con vida dejaste
como trazo en almohada.

Mi eco avanza cuando lo escucho
desde esa montaña, y llega como ansia
a tu bosque de magia.

Y este planeta quizás un día se vaya
para ese entonces, seremos otros seres
en múltiples astros, oh Hermano

Lecciones de selva

Cuando escogí la selva
para aprender a ser,
hoja por hoja
entendí mil lecciones.
(Lo que nace conmigo.
Pablo Neruda

Cuando escogí la tierra de los árboles
en esos viejos libros, supe que un día
hallaría: la capirona
su esencia, tomaría en mis manos su tronco
mi vista se perdería en su altura,
reiría y lloraría con ella, cuando una
guagua nace, al compás de su cántico.

Abrazaría al renaco
su naturaleza, lo sentiría en el pantano
protegido por su Madre: chullachaqui
que lo libra de envidias ajenas.

Veía como en un cuadro
ese atardecer en esos ríos todavía caudalosos
y me asombraría de su mundo
cuando mi oído, mi mente
se llena de esas historias del caucho, de
colonizadores impíos, ellos dejaron muerte
más resurge el hombre implacable
con su fruto en reciclo.

Como no amarlo a ese bagrecillo
en su historia de río, o a este bufeo colorado
que sonríe en silbido, enamorado de la balsa, es que
lo llama la sangre de la mujer alegre; que danza.

Me siento pura, joven, lenta, fecunda,
con la pureza de su aire que todavía, respiro;
con el canto de la cigarra en horas de tarde
que me lleva a los guácharos, en su cueva de Humboldt.

Noche oscura se viene, silenciosa, donde
los luceros dominan en esa cocha de El Sauce.

Amanecí con Neruda
Anochecí con Raimondi
no es un día cualquiera, así sin torpeza
extendí mis lecciones.

José Manuel Luque Taco. Lima. Perú. Docente, poeta egresado de la universidad Enrique Guzmán y Valle. Obtuvo el primer puesto en poesía en los juegos florales de La Cantuta (1999), obtuvo una mención honrosa en poesía a nivel nacional en los III juegos florales de la universidad Ricardo Palma (1999). Tiene en prensa su poemario El Huerto de los Alientos. Ediciones Letras en Llamas - 2011). Pertenece al grupo literario. Di-versos.

A menudo

Quiero desnudarte a besos
saber si tus hierbas son de otoño o primavera
saber si tus tactos ansían el placer
quiero masticar tus verbos
y respirar
los días tranquilos dedicártelos alguna vez
quiero tomarte por la cintura
y navegar hacia tus colinas de marfil
ver tus pasos acaramelados
tu sombra amiga de mi piel
quiero
quiero hoy retener el tiempo
y jugar
saber algo más de ti y tú de mí
saber que esta cama es real
y la vida que nos falta aún por vivir
quiero desnudarte a besos ya lo ves
y con estas manos escribir
un nuevo amor que cantar.

Llévate algo más de mí

Llegó la hora, muchacha, de hacer tus maletas,
de abrir la puerta y darme la espalda, aún así
miraré el contorneo de tus caderas que aún enciende
en mí las llamas.
Llévate esa fotografía donde estábamos bajo la sombra
de aquel árbol,
llévate también mis versos, mi aliento y algunas lágrimas
y mis malos ratos.
Llévate mi risa, mi bufanda y mis toscas manos,
llévate ese libro viejo que se titula:
reglas para dos enamorados.
Llévate mis pasos vagos y mis aullidos de lobo
desgarrado,
llévate esa maceta vieja donde sólo habían insectos
y bichos raros.
Llévate todo si es posible hasta este pequeño cuarto,
llévate mi hígado y también este beso desahuciado.
Pero, antes de dar el primer paso, saca de esa horrenda
maleta...
mi hermoso corazón que no es tu regalo.

Detalles

No voy hablar de tu hermosura
porque muchos seguramente te han dicho que eres bella
ni escribirte un poema
porque de seguro debes de tener cientos de poemas de posibles enamorados
archivados en tu estante
no he pensado en cantarte porque mi voz es horrorosa
ni a describir tus manos pequeñitas y suaves
ni decir que tus pies son menudos y sensuales
o pensar en tu cintura de guitarra
y tus caderas con piel de durazno
no voy hablar de tu boca con sabor a manzana
ni de tus ojos color a mar
ni de esos cabellos revoloteando con el viento
ni de tus sueños que aún duermes con peluches
no voy a decir nada
sólo tocaré tu puerta con esta flor de primavera...

Manuel Mosquera Mugarra. Perú. Antropólogo, poeta, escritor y editor. Estudió en la Universidad Nacional Mayor de San Marcos. Profesor en la Escuela de Educación Bilingüe Intercultural de la Universidad Nacional de la Amazonía Peruana. Ha escrito los libros: Inventores de Caminos, Los Hijos De Prometeo, Poética del Alba y Café Pushkin. Ha sido editor del periódico Juan Pueblo.

Juanito caminador vuelve con la aurora*

A la memoria de Raúl Gonzáles Tuñón
Poeta esencial

Te espero en la estación bañada por la alborada
Un fervoroso pálpito me dice:
Que nuestro Juanito Caminador
Vendrá en el tren que trae la hoguera irredente Que
vencerá a la muerte
Lo reconocerás porque a su lado irá
La antorcha que trazó el camino que siguen los Videntes
Hacedores del fuego
Lo verás venir con su sonrisa labrada por el fulgor
auroral
Nacido en la honda travesía que inició
El argonauta cuando la ponzoña tiznó en dos al orbe
Y el hontanar de la sangre y el sufrimiento manaron
Cuán embravecidos mares
Y la sementera y la semilla primigenia entre las
cuchilladas
Del Odio y el hambre
Encontraron triunfales los vaticinios que nos legaron las
estrellas que no sucumbieron

Ovillando los sueños para triunfar sobre el horror

Cuando escuches el silbar del tren bajando desde la montaña
Su optimismo hará que todas tus aflicciones
Se pierdan en las calzadas iluminadas
Por el sol que encontró su recorrido
Saltarás como niño travieso Loco de aventuras
Encontrarás la belleza de la vida en la risa audaz
Con la que el viento se enfrenta
A las camisas pardas que comanda la muerte
Por el círculo ecuatorial de los grávidos sentimientos
Avanza su tren quemando los poros a la noche enceguecida
Las mujeres/Para recibirlo/ se ponen sus trajes de obsidianas y aplauden a los zorzales
Que siempre tocaron las trompetas para que caigan las murallas
Edificadas por horridos y avaros gansos enloquecidos
Violetas Pasionarias henchidas por festividades primaverales
Bailan con los milicianos a los que Espartaco
Les brindó la bendición armada del fuego
Levanta tu mirada/Que tu mirada sea bañada
Por los siglos del combate entre el rocío y la neblina grotesca
Levántala para que te llegue la destilada irradiación
Con la que viaja la memoria en sus laureles
Levántala al son de los himnos cantados por Juanito Caminador
Levántala para que veas llegar a la estación
A los héroes mayúsculos fundidos en granito y acero
Y con ellos va la pureza insondable

La quimérica altivez
Con sus bramidos que alientan los caminos huracanados
Con los que el guerrero alumbrado por la brizna
Desbroza los tiempos letales
Limpia con fulgores victoriosos la maldición creada por venenosos arbustos
Vive el enorme regocijo con los que locos marineros bailan sobre las olas
Escucha los poemas que le recitan férvidos poetas
Mira la como se encienden los páramos
Al son de la marcha triunfal del ejercito creado el día
En el que el trueno nació rojo
Mira la alegría de los soldados que saludan al Mariscal conductor de la armonía
Míralos abrazados y vibrantes
Míralos en España y Estalingrado
Recorre con ellos triunfales las barricadas en Cuba y Vietnam
Ponte el corazón en bandolera
Ya vuelve Juanito Caminador/Trayéndonos/Las victoriosas banderas de la aurora

**Juanito Caminador es un personajes poético creado por Raúl González Tuñón.*

Winston Orrillo. Lima. Perú. Premio El Poeta Joven del Perú y Premio Nacional de Periodismo. Autor de más de veinte poemarios, tres libros de cuentos y diez de ensayos sobre literatura y comunicación. Catedrático Principal en la Universidad de San Marcos y en la de San Martín de Porres. Jurado Internacional de Literatura.

Instrucciones para cuidar a un cachorro

Resguárdalo. Es agosto. Hay
frío en la calzada. A veces
la llovizna
acatarra
entumece. Acúnalo. Enciéndele
un poco de eucalipto.

Es suave e
inconcluso
el cachorro
que alzamos
desde el valle
del pecho
del amor, nube
mía.

Protégelo
del viento
del rencor
emboscado:
es breve
el cachorrillo
del amor, amor
mío, que tenemos
ahora que cuidar
ateridos.

Ha llovido. Hay
neblina (protégeme
al cachorro
del amor, amor
mío).

Limpiémosle
los ojos
para que siempre
vea
la mañana
preñada.

Peinémoslo
en silencio:
como si no supiera
de estigmas
ni de insidias.

A pesar de
su breve
estación
el cachorro
ya tiene
cicatrices,
rasguños,
soledades.

Ayudémoslo,
juntos, a
brincar
en el patio
de nuestros
corazones.

Mario Antonio Rosa. San Juan. Puerto Rico. Poeta, Periodista Cultural, Crítico Literario y Profesor de Literatura. Ha publicado Misivas para los Tiempos de Paz (1997) Editorial Isla Negra. Tristezas de la Erótica (2003) Editorial Isla Negra. Duelo a la Transparencia. Editorial del Instituto de Cultura Puertorriqueña (2005) declarado Libro del Año 2006 por el periódico EL Nuevo Día. Es columnista del Semanario Puertorriqueño Claridad donde reseña Literatura y Bellas Artes. Ganador del Premio Nacional de Poesía Guajana 2010, Premio de Poesía de la Unión Hispanoamericana de Escritores Madrid-Perú 2010, y Premio Internacional de Poesía del Latin Heritage Foundation 2011.

Ciudad en celo

...Fría duerme la ciudad en mi piel
Solas e inmensas se entretejen las horas
Fabrica insomnios en los labios la soledad
Se ha perdido una vida en el itinerario...
Ángela Mercedes

Esta noche voy escribiendo la ciudad
como el sol desnudo de un ahogado
con la calma de un lápiz labial
o el papel de nieve que te desnuda
las letras deben ir, a jaspe roto
para que el silencio no calle a sus asesinos
y entren los idiomas del fuego
la eclosión de muslo dominado
la víctima que sueña tu nombre

tuve que esperar ésta ciudad
como si fuera una ceguera
de esas que abren calles en tragaluces
y tocan adivinando sangre
lo hice en una esquina, como ella
levitando un espejo de hombres
toda indócil en la imaginación de humo
antiguo terciopelo, seda en cansancio
y el apretado cigarrillo de conquista
eras tan inmensa ante tristes animales
muchas mujeres en ti, y un caminante

supe que en ésta ciudad no amanecía
lo dijiste desnuda en mi mejilla
lo dijiste en luna creciente
bajo duelo de avenidas, con beso único
y el pequeño suspenso de tus zapatos
aquí no se ama, el amor es aire
un rombo donde murieron de sombra las gaviotas
no preguntes cuál saliva nos lleva
apenas inventas la luz de esa ceniza
que no te recuerden los caminos
ni el olor del trago, ni las manos borrándote

sabes que vas a morir
no te quedarás como una visita
mejor aún, seguirás siendo
el hombre de nadie invocado
en la boca de una mujer fatal.

II

"...conmigo no hace falta que hables
aquí tienes mis labios: sacia tu sed
aquí tienes mi pelo: acarícialo
aquí tienes mis manos, bésalas
pero aún mejor, déjame dormir..."
-Marina Tsvietáieva

Yo quiero morir con la guitarra
con el poniente en lluvias y el corazón solo
me declaro la sombra de los tejados
el remolino en los ojos y la sequía del rumbo
cuando el arroyo de ésta ciudad se incendie
y cada luz derrumbe silencios de melodías
yo iré haciendo la letra de los suspensos
para quedarme desnudo mirando el aire

el ser, ¿dónde te has ido, espejo?
ibas caminando al bramido azul del cielo
amándote en ella como una sangre
tocando las cosas, como un mar derrotado
estando con ella al grito de la cerveza
y la estadía del miedo en abanicos
se hicieron más fuertes las soledades
un hogar de huellas inmóviles
una ciudad como ésta, almendra y despojos
un lenguaje partido de medianoche

yo estuve viviendo en un relámpago
en el vestuario de plata de las barrancas
y nacer sin mí, es el alba que me ahoga
en mi cuerpo de amor para los inocentes

y tú, en la cera de una fuga, sin reposo
una escalera de tatuajes entre mentira y niebla
y ahora me matan, se llevan mis heridas
se me acabó la muerte con las sienes de arena
una mujer infinita es la muerte que pierdo
la palabra de trampa, la delgadez del soplo
las muertes por ti se han ido, termina la cosecha
se acaba la caída por tu silencio

una espada arde en los labios
con ganas de morir en movimientos
pero, es que ya, la garganta madura soles
es profuso el deseo del otoño
la charca leve en tus sílabas de asalto:

como quien devora la vida
bailando sola.

Carmen Amaralis Vega Olivencia. Puerto Rico. Catedrática en el Departamento de Química de La Universidad de Puerto Rico, en Mayagüez. Toda su obra ha sido publicada por la Editorial Escarcha Azul, en Venezuela. Espectros en caricaturas de mi alma (poesía) 1995. Espejo místico (poesía) 1996. Comarca de sol y luna (cuentos) 1996. Ojos tatuados (poesía) 1998. Añoranza en desconcierto y Espectro de Ojos místicos (poesía) 2004. Vida y magia, entornos y sortilegios (relatos) 2005. Horizontes de Vuelos Infinitos (prosa y poesía) 2010.

Trasmutada

Hoy me trasmutaré,
brincaré al jardín donde se esconden los duendes.
Las manos se recubrirán de seda virgen,
el rostro quedará convertido en ánforas de besos,
y con el cuerpo en espiral llegaré hasta ti.

No entenderás el sabor en tus labios,
ni la suavidad repentina de tu piel
cuando envuelto en la tibieza de mi abrazo
se desgarren en surcos tus deseos.

No entenderás ese suave murmullo en tu nuca,
ni el palpitar del cuerpo
que te invade.

Llevo una eternidad girando,
rondando el aroma de tu pecho,
lamiendo desesperada tu sal,
olfateadote en la niebla profunda de la espera.

Hoy haré con tu amor lo que desee
porque, trasmutada, solo yo te reconozco.

Intimidad

Quiéreme, a solas,
sin testigos,
que el beso que te tiembla en la mirada
se me pierda en el alma y grite el cuerpo.
Desnúdame, tierna,
liberada,
que llego a tus pies para mirarte...
culebra rígida, hilvanando sueños.
Quiébrame las ganas en tu lecho,
cabálgame insaciable la malicia,
y cuando sepan que te sigo viva
cegarán de envidia los perversos.
No he de querer ya más,
¿Por qué decirlo?
Si soy mujer que busca en el sagrario
la intimidad que guarda adormecida
la musa que me inspira el verso.

He vuelto encadenada

Un misterioso
porqué de las cosas
me llevó allí.

Hoy,
de bien adentro,
he vuelto bañada de mangle,
sumergida de selva.
Verdes nuevos me brotan
sin fronteras.

Traigo luz de misterios
en los ojos,
bramidos retumbando
en cavidades antiguas,
catedrales de sal
sobre mis pechos.

En la espesura,
bien adentro,
encontré el mestizo de ojos grises.
Toqué el ala de la vida
y me bañé de musgos olorosos.
En senderos ocultos
descubrí terciopelos
de cuerpos intocados.

Aromas y ambrosías
de pulpas nuevas
me fuerzan a volver
a la lujuria de la noche.

Ahora vuelvo
tejida de cadenas y de algas.

Nancy Beatriz Fuentes. (N€nf@). Canelones. Uruguay. Su obra registrada: (Vivencias) Tomos I #366, Tomo II #2142 Biblioteca de la República Oriental del Uruguay. Poetisa. Ha participado en varia antologías.

Obséquiame

Obséquiame las horas inmortales de tu espera
las pasiones inmoladas que esperan en tu lecho
tus brazos para que aniden indecibles sueños
la dulce y tierna calidez que precede tus excesos.

Orada con osadía, mis sentimientos incrédulos
ponle huellas a mi cuerpo exhausto y dormido
entrégame tus días, tú mirada, secretos y la risa
exhumando definiciones que a mi cuerpo limitan.

Limites donde moran imperceptibles murallas,
Y a mi insensatez involúcrale tu ardor y anhelo
con riesgoso permiso toma mi alma convertida
en materiales deseos de tu inefable compañía.

Imprégname de tu esencia, tus sueños o tu llanto
regálame inquietas frases que mutilen mi cordura
inventa un mundo nuevo, donde sólo nuestros actos
mistifiquen la distancia uniendo; tu espíritu a mi vida.

Versatilidad

Un hálito de magia se manifiesta en sus pupilas
una voz suave y cristalina que al oírla encanta
el ave copia su figura grácil, exquisita estilizada
enceguecedor brillo y belleza el sol, le obsequia.

Su modulación dulce estremece seres y ambiente
su versatilidad se cofunde con el rumor del río
cambiando al paisaje mientras el dócil viento
emula con su dadivosa brisa, ese cálido sonido.

Su fragilidad la imitan, sauces y cándidos lirios
estrellas en el cielo y pájaros dormidos en su nido
su piel impregnada de luces de primorosas albas
en un corazón embebido de temple, amor, audacia.

Grácil y suave azucena pero con férreas raíces
es símbolo indiscutible de una diosa del Olimpo
todo en ella es ternura, dadivoso es su cariño
convertido en jardín su cuerpo, florece en niños.

Sandra Taragán-Vicairot. Montevideo. Uruguay.
Doctora en Derecho y Ciencias Sociales.

Atuendo de agosto

Me visto y me desvisto del amor errante,
majestuoso, que camina por las calles sin prejuicios,
el extremo de la página de un río hace acústica
cuando me cubro de amor.

Grito amor una noche angosta, de agosto
frío,
calmo,
silencioso,
que se torna:
cálido,
salvaje,
vociferante...

Un plató se desnuda al ojear la alquimia
entre dos átomos que se besan y pronuncian amor...
En el palco se derrama arena sin huellas,
arena ávida de dos pares de pies.

Escribo con un tallo de rosa
su corola me pide más
entonces desato las orillas de un río
para que lleguen libres hasta el mar.

¿Quién podrá interrogar mi sonrisa
mientras escribo?
Si mis manos se deleitan mientras lo hago...

Él en mí

Hay un hombre de órbitas múltiples,
me rodea con sus brazos en cada amanecer.
Ha logrado que me mire al espejo para reconocerme.
Me conoce, y es tal la agudeza de su visión
que me siento desnuda en espíritu frente a él.

Reaviva mi pasión a cada instante.
Veo la estela de sus pasos cuando camino,
miro mis ojos y lo veo.
Escucho una melodía y son sus palabras en mi oído.
acaricio mis sábanas y son sus dedos que me atrapan.

Y mi piel arde en deseo por la comisura de sus labios.
Se mueve entre círculos equidistantes,
con el tiempo vislumbro que esos discos son hombres:
uno tras otro.
Y... con extrañeza advierto que solo me toca su
persona.

Y con mudos resplandores aterciopelados
me despoja de mis vestiduras ocultas,
para acariciarme con sus brillos.

He roto hasta las leyes geométricas
Y torcido dos líneas paralelas para que se junten
Mis muslos son ahora ángulos redondeados
ansiosos por pertenecerle en cuerpo y alma.

Garra

Una garra sucia sacude a todo un continente.
Danza entre cristales filosos,
alfileres incisivos.
Pierdo la noción de tiempo y espacio
apenas sé si estoy viva.

Lamentos me rodean, mi mente está aturdida
Apenas veo mis manos
La oscuridad se ha adueñado
De lo externo y de lo interno.

Mentes cegadas por la avaricia
clavan estacas en los débiles
La integridad en tela de juicio
vomitada en un rincón de un edificio.

Elementos esenciales no tengo,
mi lamento va más allá de un simple llanto.
Sangra mi corazón por dentro.

La barbarie contenida, aflora
sin tope ni medida
se arrebata a la madre, un hijo
a un nieto su abuelo, cae una estrella
sollozando testigo de la hecatombe
por no saber,
no saber, que corresponde a donde...

Así como se refina el oro, mediante fuego
Así fortalecerá este infortunio
La pujanza de un pueblo fuerte
No se derrama como la arena en un puño.

Norma Thais Marcano Alzola. Caracas. Venezuela. Poetisa, escritora, maestra, pintora, escultora. Sus libros: Vivencias y Despertar. La mujer de acero. Libro de Cocina Internacional. Cercanía detrás de los bastidores.

Aquel día de lluvias

Toma mi mano... firme,
ensortijada roca
bajo la lluvia tenue
serena, apacible, distante
Como las olas del mar
montaña de versos que surge
como las espigas
que bajo
la mirada del amor
Engrandecen ..
Se tornan sepia,
en el papel gastado arrugado
por el tiempo entibiando
los recuerdos,
afanados se adhieren como hiedra
por la brisa candente
cuerpo a cuerpo
¿que imagen guardas
en los pliegues de tus ojos?
Que tus manos acarician en la aurora
como encaje blanquecino bordado
de sueños
Si tus besos se asoman como lirios
sembrados... aquel día lluvioso
de pétalos, de melodías sublimes
teñidos en cada rincón de tu piel
abrigo ceñiste apoyándote

en mis hombros desnudos
aquella noche... testigo
muda, silenciosa casi etérea
y la lluvia caía, caía.....

Quién pudiera

Quién pudiera tenerte de nuevo
En el regazo invisible del amor
Tocar tu mente y saborear cada palabra
Acariciar cada letra en cada espacio
En cada recodo de tu pensamiento
Tejer la manta abrigar los sueños
Quién pudiera llegar al fondo
Mismísima de tu alma
Alimentarse en cada mañana
De cada estrofa de tu mente clara
Quien pudiera de tus lágrimas
Amanecer cubierta con los cristales
Arrullar los campos y salpicar las flores
Con el brillo de una mirada que nunca
Más tendré
Quién pudiera entrar en tus sueños
Vagar en los caminos ocultos
Trepar en cada pensamiento
Y deslizarse como agua clara
Quién pudiera...

Vivir en tus ojos

En mis ojos haré vivir
cada minuto de tu tiempo
en cada pétalo de la vida
el rocío de tus palabras
gota infinita de tu aliento
esperanza en la grandeza
recobrará la esencia
de tus lágrimas guardadas
en la corteza del árbol de la vida
En mis ojos guardaré tu sonrisa
como el perfume en mi piel
el aroma de tus besos el amanecer
de tus ilusiones
El despertar
de tus querencias
el viento en tus pupilas viajará
como la lluvia en cada ternura de tu mirada
dulzona como la miel
en mis ojos haré el huerto
de tus poemas en las avenidas
de cada verso enclavados en el alma
como la roca en medio del mar
las gaviotas vendrán se posarán
en la frescura de su habitad.
En mis ojos vivirán la eternidades
de tu musa glorificando con su canto
la armonía de tu ser.

www.ingramcontent.com/pod-product-compliance
Ingram Content Group UK Ltd.
Pitfield, Milton Keynes, MK11 3LW, UK
UKHW020129250726
13967UKWH00002B/558